Arthur Thömmes

Produktive
Unterrichtseinstiege

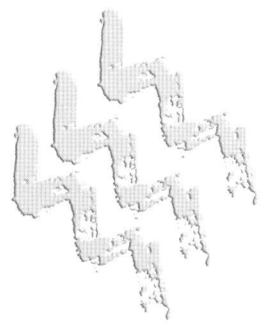

100
motivierende
Methoden
für die Sekundarstufen

Verlag an der Ruhr

Impressum

Produktive Unterrichtseinstiege
100 motivierende Methoden für die Sekundarstufen

Autor: Arthur Thömmes
Illustrationen: Björn Okesson, Jens Müller u.a.
Druck: Druckerei Uwe Nolte, Iserlohn

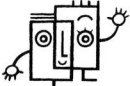

Verlag an der Ruhr
Alexanderstraße 54 – 45472 Mülheim an der Ruhr
Postfach 10 22 51 – 45422 Mülheim an der Ruhr
Tel.: 0208/4395 4700 – Fax: 0208/4395 4239
E-Mail: info@verlagruhr.de
www.verlagruhr.de

© Verlag an der Ruhr 2005
ISBN 10: 3-8346-0022-9 (bis 12/2006)
ISBN 13: 978-3-8346-0022-6 (ab 2007)

geeignet für die Klasse 5 6 7 ... 12 13

Inhaltsverzeichnis

Inhaltsverzeichnis

3. Lernkontrolle 111

4. Methoden zur Gruppenbildung 131

Anhang

Liebe Kollegen*,

Sie haben ein Methodenbuch in der Hand. Sicher gibt es schon eine ganze Menge solcher Sammlungen auf dem Büchermarkt. Doch dieses Buch unterscheidet sich von den anderen durch seinen Ansatz: Es wird eine Vielzahl an neuen und bewährten Methoden für den Unterrichtseinstieg geboten, die die Motivation und den Lernerfolg der Schüler besonders im Blick haben.

Der Einstieg ist eine wichtige Phase innerhalb des Unterrichtsverlaufs. Lassen Sie mich einen Vergleich wagen: Ein wesentlicher Bestandteil eines guten Mahls ist die Vorspeise. Kleine schmackhafte und leicht verdauliche Häppchen sollen die Sinne und somit den Appetit auf die Hauptmahlzeit wecken. Dabei muss die Vorspeise zum Hauptgericht passen.
Für den Unterricht heißt das: Der Unterrichtseinstieg macht Geschmack auf den weiteren Verlauf der Stunde. Die Lernbereitschaft muss geweckt und die Motivation gefördert werden. Mit einem gelungenen Unterrichtseinstieg können Sie den Schülern das „Ankommen" erleichtern, zu einem Thema hinführen, Wissen festigen oder bereits Gelerntes überprüfen.

Die in diesem Buch vorgestellten Methoden sind als Fundgrube für produktive Unterrichtseinstiege zu verstehen. Sie sind nicht auf bestimmte Fächer oder Themen festgelegt. Sie wollen zum Ausprobieren anregen. Finden Sie die Methode, die zu Ihrem Fach und dem geplanten Thema passt. Eine Konkretisierung in Bezug auf das zu behandelnde Themengebiet müssen Sie selbst übernehmen.

Einige Methoden wurden von mir entwickelt, andere sind bekannt und in der Literatur vielfach erwähnt. Da eine eindeutige Quellenangabe nicht möglich ist, habe ich darauf verzichtet.

Dies ist ein Buch, das nicht der weit verbreiteten theorielastigen Verkopfung anderer Methodenbände entspricht. Es ist ein Buch für die Praxis, das Methoden vorstellt, die die Lust und die Freude am Unterricht fördern wollen.

Guten Appetit!

Arthur Thömmes

---

*Aus Gründen der besseren Lesbarkeit haben wir in diesem Buch durchgehend die männliche Form verwendet. Natürlich sind damit auch immer Frauen und Mädchen gemeint, also Lehrerinnen, Schülerinnen etc.

Der Unterrichtseinstieg

Szene 1:

Die Lehrerin betritt den Klassenraum, bewegt sich Richtung Lehrerpult, setzt sich auf den Stuhl, nimmt das Klassenbuch in die Hand und stellt die erhellende Frage: „Wo waren wir das letzte Mal stehen geblieben?" Keiner weiß es genau. Die Lehrerin blättert im Klassenbuch und findet die Antwort auf ihre Frage. „Dann schlagt in eurem Buch Seite 67 auf. Frank, lies bitte!"

So oder ähnlich könnte eine Unterrichtsstunde beginnen. Manche werden sagen, dass dieser Einstieg misslungen sei. Aber er ist durchaus Alltag und Realität. Nach drei bis fünf Minuten Orientierung hat die Lehrerin den Anknüpfungspunkt gefunden und kommt schnell zum Thema.

Szene 2:

Der Lehrer betritt den Klassenraum. Es geht drunter und drüber. Lautstark unterhalten sich die Schüler. Einige springen über die Tische, andere spielen „Ringen auf dem Boden", eine weitere Gruppe singt einen aktuellen Chart-Hit. Der Lehrer wird bemerkt, aber ignoriert. Er bittet lautstark um Ruhe. Die Schüler setzen sich langsam und auffallend träge auf ihre Plätze. Der Lehrer beginnt mit dem Unterricht.

Auch das ist Unterrichtsalltag! Schule ist vor allem ein soziales Geschehen, das häufig durch den Wissensvermittler, also den Lehrer unterbrochen wird. Besonders mangelnde Lernlust und Desinteresse können den Stundenanfang zur Qual machen.

Szene 3:

Die Lehrerin betritt den Klassenraum. Die Schüler sitzen auf ihren Plätzen und fragen erwartungsvoll: „Was machen wir denn heute?" Eine neugierige Frage voller Spannung auf das, was sie erwarten wird. Die Lehrerin greift in ihren Methodenkoffer und präsentiert einen interessanten Unterrichtseinstieg, der die Schüler hoch motiviert zum Thema führt.

Eine methodische Vielfalt ist heute in vielen Schulen selbstverständlich. Der strenge Frontalunterricht wird zu einem pädagogischen Relikt, das nur noch von hart gesottenem Urgestein gepflegt wird. Stattdessen soll eine Vielzahl an Medien und Sozialformen die Schüler anregen und den Zugang zu einem Thema erleichtern.

Der Unterrichtseinstieg

Jede Unterrichtsstunde ist ein neuer Anfang. Es gibt äußerst selten einen fließenden Übergang. Die letzte Unterrichtsstunde ist abgehakt. **Schüler und Lehrer müssen umschalten.** Der Lehrer stellt sich auf eine völlig neue Lerngruppe ein, die Schüler stehen einer anderen Lehrperson mit anderen Methoden und anderen Themen gegenüber. Der Einstieg spielt nun eine entscheidende Rolle für den Verlauf der folgenden Lerneinheit.

Unterrichtseinstiege sind planbar, aber ob sie in dieser geplanten Form auch durchführbar sind, hängt von vielen aktuellen Faktoren ab. Da spielt die Lernumgebung eine Rolle, die Befindlichkeit von Lehrern und Schülern, die Lernatmosphäre, das Thema oder auch die Lern- und Lehrlust. Unvorhergesehene und überraschende Ereignisse verlangen häufig das **Improvisationstalent des pädagogischen Profis.** Gerade in der Einstiegsphase des Unterrichts muss der Lehrer also genau hinhören und hinsehen. Er sollte bereit sein, spontan und flexibel handeln zu können.

Der **Unterrichtseinstieg** ist für viele Lehrer eine wichtige Phase, die **grundlegend für den gesamten Stundenverlauf** sein kann. Die Schüler sollen eingestimmt, das Interesse soll geweckt werden. Die Aufnahmebereitschaft und die Aktivitätsbedürfnisse müssen berücksichtigt und der Einstieg muss den Bedürfnissen und Fähigkeiten der Schüler angepasst werden. Dabei ist ein gelungener Unterrichtseinstieg nicht unbedingt ein Garant für das Gelingen der gesamten Stunde. Und umgekehrt führt ein misslungener Einstieg nicht konsequent zum Misslingen der Stunde.

Besonders der Bereich der **Beziehungsebene** hat Konsequenzen für das gemeinsame Lernen. Wie stehen wir (Schüler – Lehrer, Schüler – Schüler) zueinander? Diese Frage sollte geklärt sein und ständig überprüft werden, denn Angst ist kein guter Lernbegleiter. Sie blockiert die Lernbereitschaft. Eine Klasse, die sich auf den Lehrer freut, ist motiviert und entwickelt eine positive Lernbereitschaft. Eine Lehrperson, die einfühlsam und verständnisvoll ist, fördert die Offenheit der Schüler. Dies hat vor allem Konsequenzen für den Unterrichtseinstieg. Daher sollte der Lehrer großen Wert auf die ständige Aktualisierung der Beziehungsfrage legen. Denn wenn Schüler mir als Lehrer vertrauen, folgen sie mir auch lieber auf neuen und ungewohnten Wegen.

Ein gelungener Unterrichtseinstieg kann vieles leisten. Er ...

➡ ... ist eine Art **Warm-up,** eine Anwärmphase für Körper, Geist und Seele, denn ein Kaltstart fördert selten die Lernbereitschaft. Er sollte in den gegebenen Grenzen Entspannung bewirken und den Kopf für Neues frei machen. Er sollte allerdings nicht dazu missbraucht werden, ein Feuerwerk zu entzünden, das dann mit einer Folienschlacht vernichtet wird.

➡ ... kann den **Entdeckergeist** der Schüler wecken. Dies geschieht durch das Darstellen eines Problems, das die Schüler wiederum mit Interesse lösen wollen. Dabei sind vor allem die Fragen, die sie selbst entwickeln, zu berücksichtigen.

➡ ... motiviert die Schüler und macht sie neugierig für ein Thema und den weiteren Unterrichtsverlauf. Das Thema sollte zum Thema der Schüler werden. Es sollte eine gewisse Spannung entstehen, die **Lernlust und Lernlaune** weckt.

➡ ... kann begeistern. Bedenken Sie: **Begeisterte Lehrer begeistern auch Schüler.** Wenn dieser Funke am Beginn des Unterrichts überspringt, wird ein Lernfeuer entfacht. In manchen methodischen Lehrbüchern ist zu lesen, dass Lehrer keine Showmaster sind und Showeffekte unterlassen sollten. Ich möchte dieser Theorie gerne widersprechen, denn auch der Unterricht kann eine Art Lernshow sein, in der es spannend und unterhaltsam zugeht – und trotzdem viel gelernt wird.

Ein Unterrichtseinstieg kann verschiedene Funktionen erfüllen:

➡ In ein neues **Thema einführen.** Das kann am Beginn einer einzelnen Unterrichtsstunde oder aber einer neuen Unterrichtseinheit geschehen.

➡ Den Schülern **Orientierung geben.** Durch einen Informationsinput zeigen Unterrichtseinstiege an, wohin der Weg gehen soll. Der Lehrer verdeutlicht hierbei das Thema, die Ziele und den Verlauf des Unterrichts.

➡ Altes und neues **Wissen miteinander verknüpfen.** Dabei wird der Zusammenhang zu früheren oder zukünftigen Themen erläutert.

Damit Unterrichtseinstiege den bestmöglichen Lernerfolg bei Schülern erzielen, sollten Sie als Lehrer jedoch folgende Aspekte beachten:

➡ Erfolgreicher Unterricht holt die Schüler dort ab, wo sie stehen.

➡ Gruppendynamische Prozesse sind ein wichtiger Faktor beim erfolgreichen Lernen. Deshalb muss die Lerngruppensituation bei der Wahl der Methode berücksichtigt werden. Durch kommunikative und kooperative Übungen kann man z.B. den Zusammenhalt und den Teamgeist der Lerngruppe fördern.

Es ist erwiesen, dass hierdurch auch der Lernerfolg – besonders lernschwacher Schüler – verbessert werden kann.

➡ Jeder Schüler verfügt über ein individuelles Potenzial an Wissen, Fähigkeiten, Stärken, Fertigkeiten und Erfahrungen. Diese sollten vor allem in der Phase des Unterrichtseinstiegs aufgegriffen, aktiviert und integriert werden. So können Ressourcen freigesetzt werden, die sonst vielleicht verschüttet bleiben. Wegen der angesprochenen Heterogenität der Lerngruppe ist es jedoch ebenso wichtig, einen möglichst gemeinsamen Nenner für den Unterrichtsbeginn zu finden. Die eingesetzten Methoden müssen für alle verständlich und durchschaubar sein.

Der Lehrer sollte sich nicht nur bei Einstiegen, sondern auch in anderen Unterrichtsphasen darüber im Klaren sein, was er bei den Schülern erreichen und bewirken will. **Generell gilt: Nicht jede Methode passt zu jedem Lehrer und auch nicht zu jeder Klasse.** Eine innere Abwehr meinerseits oder vonseiten der Schüler muss unbedingt registriert und hinterfragt werden. Als Lehrer sollte man mit dem anfangen, was man kann und wo man sich sicher fühlt. Eine Offenheit für neue Lernmethoden muss man sich jedoch stets bewahren. Denn erst wenn ich eine Methode ausprobiert habe, weiß ich, ob sie zu mir und meinen Schülern passt.

Produktive Unterrichtseinstiege

Ankommen 1

Ankommen

Schüler und Lehrer sind keine Maschinen, die man nach Belieben ein- und ausschalten kann, sondern Menschen mit Gefühlen und Erfahrungen, die sie prägen. Das sollte man beim Einstieg in eine Unterrichtsstunde beachten.

Sie können als Lehrer einen Klassenraum betreten, das Buch aufschlagen, lesen und lesen lassen oder an der Tafel ein geniales Abbild des Unterrichtsthemas entwickeln. Sie können sich als Lehrer bei der Entfaltung und Aufarbeitung von Inhalten sehr wohl fühlen. Schnell geraten dabei aber die Schüler aus dem Blickfeld:

➡ Wie fühlen sie sich in meinem Unterricht?
➡ Geht es ihnen gut oder plagt sie eine Sorge?
➡ Sind sie motiviert oder haben sie Angst?

„Unwichtig!", wird so mancher Stoffvermittler sagen. „Ich habe die Aufgabe, Wissen zu vermitteln." Doch das stimmt nur teilweise. **Lernpsychologische Erkenntnisse machen deutlich, dass die Befindlichkeit des Menschen sein Lernverhalten entscheidend prägt**.

Schüler, aber auch Lehrer, müssen zunächst in der Unterrichtssituation ankommen. Häufig können sie aber das, was sie bewegt, nicht einfach abschalten. Der Kopf ist voll mit Gedanken, Wut breitet sich im Bauch aus oder Freude erregt und macht unruhig. Die Schüler sind innerlich noch mit anderen Themen beschäftigt, die sie erst loslassen oder sogar klären müssen.

Das Herstellen einer positiven Anfangsatmosphäre ist eine Herausforderung für jeden Lehrer. **Der Erfolg von Unterricht hängt entscheidend davon ab, ob es dem Lehrer gelingt, ein angenehmes und entspanntes Lernklima zu schaffen.** Häufig können sich atmosphärische Störungen, die nicht geklärt wurden, durch eine ganze Unterrichtsstunde ziehen. Ich denke, wenn sich alle am Unterrichtsgeschehen Beteiligten wohl fühlen, kann Unterricht gelingen und sogar Spaß machen.

Es ist also wichtig, das Ankommen in der Unterrichtssituation zu erleichtern. Vor allem Übungen, die die Sinne ansprechen und die Schüler zur Ruhe kommen lassen, können hilfreich sein. Entlastende und entspannende Übungen schaffen Offenheit und Lernbereitschaft. Manchmal genügt es auch, einfach nur nachzufragen: „Wie war das Wochenende?", „War die Englischarbeit schwer?" Manchmal kann es aber auch noch konkreter sein. Wenn ein Schüler

etwa einen nachdenklichen oder traurigen Eindruck vermittelt, kann eine Frage wie „Hast du Probleme?" oder „Wie geht es dir?" mit einem anschließenden kurzen Gespräch Wunder bewirken.

Sie sollten den Unterrichtseinstieg also behutsam gestalten und die aktuelle Stimmung sowie Befindlichkeit der Schüler berücksichtigen. Die hier vorgestellten Methoden wollen den Schülern, aber auch dem Lehrer das Ankommen erleichtern und so ein gutes Lernklima für das erfolgreiche gemeinsame Arbeiten schaffen.

1 Schreien

 Alter
12–16 Jahre

 Dauer
Ca. 1 Minute

 Ziel
➡ Abbau von Aggressionen
➡ Psychische Entlastung

Beschreibung

Die Schüler stellen sich aufrecht hin und konzentrieren sich einen Moment.
Sie können hierbei auch die Augen schließen. Auf das Kommando des Lehrers
dürfen sie so laut brüllen, wie sie wollen. Dabei können sie Laute, aber auch
ganze Sätze von sich geben. Nach der Übung setzen sich alle Schüler wieder
auf ihren Platz und atmen einen Augenblick tief durch.

Variante

➡ Es werden zwei oder mehrere Gruppen gebildet, die sich gegenseitig
   anschreien. Eine Gruppe kann z.B. „Nein" und die andere „Ja" rufen.
   Beide Gruppen versuchen sich gegenseitig zu übertrumpfen.
➡ Die Schüler schreien nacheinander.

Hinweis

➡ Manchmal herrscht in der Klasse eine aggressive Stimmung und es fällt sehr
   schwer, für Ruhe zu sorgen. Das Schreien ist eine effektive Methode, um
   kurzfristig eine Entlastung zu verschaffen.
➡ Es sollte nach Möglichkeit ein Raum benutzt werden, der schalldicht oder
   weit entfernt von anderen Klassenräumen liegt. Wenn das nicht möglich ist,
   sollten die Lehrer in den benachbarten Klassenräumen über die Schreiübung
   informiert werden.

Alter
10–16 Jahre

 Dauer
5 Minuten

 Ziel
➥ Kommunikation fördern
➥ Motivation durch Freundlichkeit

Beschreibung

Der Lehrer begrüßt jeden einzelnen Schüler.

Variante

Der Lehrer reicht allen die Hand. Besonders nach den Ferien kann die Begrüßung zeitlich verlängert und methodisch ausgebaut werden.

Hinweis

➥ Die gegenseitige Begrüßung sollte am Beginn einer Unterrichtsstunde eine Selbstverständlichkeit sein. Auch hier macht der Ton die Musik. Die Art der Begrüßung hat Einfluss auf die Stimmungslage der ganzen Klasse. Eine freundliche und herzliche Begrüßung kann die Kommunikationsbereitschaft der Schüler fördern. Gestik und Mimik unterstützen das Begrüßungsritual. Viele Schüler spüren schon bei der Begrüßung, wie es weitergehen wird.
➥ Die Antworten auf folgende Fragen entscheiden über die Art der Begrüßung:
  • Mag ich diese Klasse?
  • Wie ist meine momentane Stimmung?
  • Welche Stimmung herrscht in der Klasse?
  • Bin ich offen für die Lerngruppe?
  • Habe ich noch andere Dinge im Kopf, die mich blockieren?
➥ Achtung! Freundliche Lehrer haben meistens auch freundliche Schüler!

10+ Alter
10–13 Jahre

 Dauer
5 Minuten

 Ziel
➥ Warm-up
➥ Förderung der Kommunikation

Beschreibung

Die Schüler stellen sich stumm in alphabetischer Reihenfolge auf.
Für die fehlenden Schüler wird ein Stuhl in die Reihe gestellt.

Variante

➥ Weitere Ordnungskriterien können sein: Geburtsdatum, Wohnort,
   Schuhgröße, Vornamen, Körpergröße.
➥ Allen Schülern werden die Augen verbunden.

Hinweis

Es gibt viele Möglichkeiten, zum Beginn der ersten Unterrichtsstunde die Anwe-
senheit zu überprüfen. Dabei muss nicht immer nur der Name im Klassenbuch
abgehakt werden.

 Alter
10–16 Jahre

 Dauer
5 Minuten

 Ziel
➡ Eigenverantwortliches Ausdrücken unterschiedlicher Gefühle
➡ Entlastende Wirkung
➡ Zur Ruhe kommen

Beschreibung

Beispiel „Gähnen":
Die Schüler sollen mit voller Hingabe den Mund weit aufreißen und mit entsprechenden Lauten gähnen. Dabei können Arme und Beine gedehnt und gestreckt werden.

Beispiel „Lachen":
Die Schüler sollen aus vollem Herzen lachen. Lachtränen sind erlaubt. Übrigens: Lachen ist gesund. Es stärkt die Atmung, den Sauerstoffaustausch und die Muskelaktivität. Eine Minute Lachen ist so erfrischend wie 45 Minuten Entspannungstraining.

Beispiel „Austoben":
Die Schüler können sich eine Minute lang austoben, schreien, brüllen und wie wild um sich schlagen. Wichtige Regel: Es darf kein anderer dabei berührt oder verletzt werden!

Variante

Es gibt noch viele weitere Gefühlsregungen (brummen, summen, weinen usw.), die unterschiedlich eingesetzt werden können.

Hinweis

➡ Weisen Sie die Schüler darauf hin, dass die Gefühlsausbrüche nicht übertrieben werden sollten.
➡ Die Übungen eignen sich besonders gut nach Anspannungen (Klassenarbeiten) oder nach einem Wochenende.

Alter
10–19 Jahre

Dauer
Ca. 5 Minuten

Ziel
➥ Konzentration
➥ Einfinden in die Unterrichtsstunde

Beschreibung

Der Lehrer beginnt jede Stunde mit einem festen Ritual.

Beispiel:
Der Lehrer betritt den Klassenraum, begrüßt die Schüler und setzt sich auf seinen Platz. Es folgt eine vereinbarte Zeit der absoluten Ruhe (1–2 Minuten). Anschließend beginnt der Unterricht.

Variante

➥ Der Lehrer fragt nach der Stimmung der Schüler oder nach besonderen Vorkommnissen. Die Schüler äußern sich kurz, es wird aber nicht diskutiert.
➥ Der Lehrer schreibt das Thema der Stunde an die Tafel. Die Schüler haben einige Minuten Zeit, sich einzeln dazu Gedanken zu machen oder sich mit dem Sitznachbarn darüber zu unterhalten.
➥ Der Lehrer liest einen kurzen Text zum Nachdenken vor.

Hinweis

Rituale sind wichtig, da das Wiedererkennen einer Situation Sicherheit verschafft. Eine vertraute Handlung baut Ängste ab und macht die Situation berechenbar.

5-Sekunden-Übung 6

 Alter
10–19 Jahre

 Dauer
Ca. 5 Minuten

 Ziel
➥ Geistige und körperliche Lockerung
➥ Spannung und Entspannung

Beschreibung

Die Schüler stellen sich hin. Sie spannen die Zehen ganz fest an und halten
die Spannung fünf Sekunden. Dabei sollen sie ganz ruhig atmen. Anschließend
entspannen sie die Zehen für fünf Sekunden.
Die gleiche Übung (Anspannung – Entspannung) können die Schüler anschließend mit den Füßen und Beinmuskeln, dem Po, dem Bauch, dem Rücken,
dem Oberkörper, den Armen, den Händen und dem Gesicht machen.
Am Schluss werden die Muskeln des gesamten Körpers noch einmal für
fünf Sekunden angespannt und anschließend entspannt.

Variante (für 10- bis 12-Jährige)

Jeder Schüler stellt sich vor, er sei ein durchtrainierter Bodybuilder. Das bedeu-
tet: Breitbeinig hinstellen und die Arme ein wenig vom Körper wegstrecken. Alle
Muskeln werden von unten nach oben angespannt. Diese Variante sorgt für
Heiterkeit und Entspannung.

Hinweis

Die Übung ist angelehnt an die „Progressive Muskelentspannung" nach Jakob-
sen. Hierbei werden verschiedene Muskelgruppen des Körpers nacheinander
maximal angespannt und anschließend schrittweise wieder entspannt,
wodurch sich letztlich ein tiefer Entspannungszustand erzielen lässt.

Alter
12–19 Jahre

 Dauer
Ca. 5 Minuten

 Ziel
➥ Konzentration und Entspannung
➥ Einüben eines bewussten Atmens

Beschreibung

Die Schüler setzen sich bequem auf einen Stuhl oder legen sich auf den Boden. Der Lehrer leitet mit ruhiger und deutlicher Stimme zu einer bewussten Atemtechnik an: „Wir atmen ruhig und entspannt durch die Nase ein. Wir atmen in den Bauch und spüren, wie er immer dicker wird. Wir halten die Luft ein wenig an. Nun atmen wir wieder ganz ruhig durch den Mund aus." Die Übung wird mehrere Male wiederholt.

Variante

➥ Mit einer imaginären Axt Holz hacken (Axt hochheben = einatmen/ Axt herabfallen lassen = ausatmen).
➥ Äpfel pflücken (Apfel greifen = einatmen/Apfel in den Korb legen = ausatmen).

Hinweis

➥ Eine Zeitvorgabe ist durchaus sinnvoll: Fünf Sekunden einatmen, fünf Sekunden die Luft anhalten, fünf Sekunden ausatmen.
➥ Das bewusste Atmen entspannt und beruhigt. Viele Menschen atmen jedoch falsch, indem sie zu flach oder zu hoch atmen. Daher sollte geübt werden, tief in den Bauch zu atmen. Um herauszufinden, ob man mit dem Bauch atmet, kann man eine Hand oder Bücher darauf legen. Bewegen sich Hand und Bücher, ist die Atmung richtig.
➥ Sicher wird die Übung beim ersten Mal eher Unruhe bewirken. Nach mehrmaligen Atemübungen führt sie aber zur Entspannung.
➥ Übrigens: Wenn Musiker (Bläser oder Sänger) in der Klasse sind, können sie bestimmt etwas über die Zwerchfellatmung berichten.

Die liegende Acht

 Alter
12–19 Jahre

 Dauer
Ca. 5 Minuten

 Ziel
➥ Förderung des Lese- und Symbolverständnisses
➥ Aktivierung der beiden Gehirnhälften
➥ Förderung der Augenmuskelkoordination

Beschreibung

Die Schüler stellen sich hin. Links und rechts sollte eine Armlänge Platz zum Nachbarn sein. Der Lehrer gibt folgende Anweisungen: „Streckt den linken Arm nach vorn und den Daumen nach oben. Malt nun eine liegende Acht in die Luft. Beginnt beim Kreuzungspunkt der Acht in der Mitte und bewegt den Daumen nach links oben. Verfolgt die liegende Acht mit den Augen. Der Kopf bleibt dabei gerade. Wiederholt diese Bewegung fünf Mal. Malt nun die gleiche Figur mit dem rechten Arm und anschließend mit beiden Händen. Die Augen folgen immer den Bewegungen."

Variante

➥ Die liegende Acht kann in die Luft, auf ein Blatt Papier oder in den Sand gemalt werden.
➥ Die Größe der Acht kann unterschiedlich ausfallen.
➥ Die Augen können bei der Übung geschlossen werden.
➥ Das gleichzeitige Summen und Malen fördert die Entspannung.

Hinweis

Weitere anregende „Brain-Gym-Übungen" finden sich in entsprechender Literatur.

▶▶▶▶ 1. Ankommen ◀◀◀◀

Alter
10–19 Jahre

Dauer
5–10 Minuten

Ziel
➡ Spontane Äußerungen über die aktuelle Stimmung und
Befindlichkeit, über Erwartungen an die Stunde oder
das Thema sowie mögliche Konflikte usw. sammeln.
➡ Einzelmeinungen in einer raschen Form erfassen und auszutauschen.

Beschreibung

Es werden Fragen formuliert, die von allen Teilnehmern
der Reihe nach kurz beantwortet werden.

Beispiele für Fragen:
• Wie fühle ich mich momentan?
• Wenn ich jetzt machen könnte, wozu ich Lust habe, dann würde ich …
• Was erwarte ich von der kommenden Unterrichtsstunde?
• Was fällt mir zu dem Thema ein?

Blitzlicht-Regeln:
• Die gestellten Fragen sind eindeutig und klar formuliert.
• Alle sagen etwas.
• Jeder spricht nur über sich (nicht „man" oder „wir", sondern „ich").
• Jeder spricht kurz und knapp der Reihe nach.
• Jeder soll seine eigene Meinung ausdrücken.
• Die Beiträge werden nicht diskutiert oder kommentiert.

Variante

➡ Ein Gegenstand wird weitergegeben. Nur wer ihn hat, darf reden.
➡ Das Blitzlicht geschieht schriftlich.

Hinweis

➡ Der Lehrer kann die wichtigsten Aussagen (z.B. Wünsche, Gefühle,
Standpunkte) am Schluss zusammenfassen.
➡ Die Meinungsäußerung kann auch freiwillig erfolgen.

Alter
10–19 Jahre

 Dauer
5–10 Minuten

 Material
Flipchart oder Plakat, Klebepunkte

 Ziel
Rückmeldung über die momentane Stimmungslage in der Klasse

Beschreibung

Auf einem Flipchart oder Plakat können die Schüler mit einem Klebepunkt ihre momentane Stimmung oder ihren Eindruck von der Arbeitsatmosphäre eintragen. Der Lehrer malt z.B. vier Gesichter auf, die unterschiedliche Stimmungen ausdrücken.

Variante

➡ Die Stimmungslage kann auch in Form eines Diagramms (z.B. −5 bis +5) oder einer Zielscheibe abgefragt werden.
➡ Man kann auch bestimmte Gefühlswörter vorgeben (z.B. Ich fühle mich momentan ... fröhlich – wütend – traurig – aggressiv – hilflos).
➡ Die Stimmungsbilder werden im Raum verteilt. Die Schüler stellen sich zu dem Gesicht oder Stichwort, das ihre Stimmung am besten beschreibt. Die Gruppen unterhalten sich kurz über den Grund ihrer Wahl.
➡ Die Schüler verteilen sich im Raum in entsprechender Entfernung zu zwei markierten Polen (gute Stimmung/schlechte Stimmung).
➡ Die aktuelle Stimmungslage kann in Form eines Wetterberichts wiedergegeben werden.

Hinweis

Soll die Rückmeldung anonym erfolgen, kann das Plakat von der Klasse weggedreht werden.

▶▶▶▶ 1. Ankommen ◀◀◀◀

 Alter
12–16 Jahre

 Dauer
10 Minuten

 Ziel
➥ Zur Ruhe kommen
➥ Konzentration fördern

Beschreibung

Alle Schüler setzen sich bequem auf ihren Stuhl (Wohlfühlhaltung). Sie schließen die Augen, atmen ruhig ein und aus und entspannen sich einige Minuten.
Anschließend sollen sie sich vorstellen, eine Tür zu öffnen und durch sie hindurch zu gehen. Es ist die Eingangstür zur Schule. Alle Assoziationen, die die
Schüler gewöhnlich mit Schule verbinden, sollen sie vergessen und sich vorstellen, dass sie einen wunderbaren Ort betreten. Sie treffen Menschen, die sie
mögen und mit denen sie gerne zusammen sind. Sie stellen sich vor, dass sie
einen Klassenraum betreten, in dem sie sich wohl fühlen. Sie sehen den Lehrer
und freuen sich auf die Unterrichtsstunde und das Neue, das auf sie zukommt.
Sie verweilen eine kurze Zeit in dieser freudigen Stimmung. Langsam öffnen
sie die Augen und stellen sich auf den Unterricht ein.

Variante

Es eignen sich viele andere Situationen für die Imaginationsübung (ein wunder-
schöner Park oder Strand, eine Ballonfahrt, ein Konzert mit der Lieblingsgruppe
usw.).

Hinweis

Der Text wird vom Lehrer ruhig vorgetragen. Es sollte genug Zeit
eingeplant werden, um innere Bilder entstehen zu lassen.

Alter
12–19 Jahre

Dauer
10 Minuten

Material
Ein beliebiger Text aus einer Zeitung bzw. ein fachbezogener Text

Ziel
Konzentrationsübung

Beschreibung

Die Schüler erhalten einen Text und verschiedene Aufgabenstellungen,
die zunächst nichts mit einer Texterschließung zu tun haben. Die Aufgaben
sollen innerhalb einer vorgegebenen Zeit gelöst werden. Nach Ablauf der Zeit
werden die Ergebnisse verglichen.

Beispiel:
- Unterstreiche im Text alle Wörter, die mehr als drei „E" haben!
- Suche das längste Wort des Textes!
- Wie oft taucht im Text das Wort „ist" auf?
- Suche die Fragesätze im Text!
- Wie viele Druckfehler findest du?
- Wie viele Wörter beginnen mit einem „R"?

Variante

Die Übung kann auch in Form eines Wettbewerbes durchgeführt werden.

Hinweis

Der ausgeteilte Text kann schon zum Unterrichtsthema hinführen. Im Anschluss
an die Konzentrationsübung kann er dann erarbeitet werden.

13 Zählrunde

 Alter
10–14 Jahre

 Dauer
10 Minuten

 Ziel
Konzentration

Beschreibung

Alle Schüler stellen sich hin und beginnen der Reihe nach zu zählen (1, 2, 3 usw.). Dabei dürfen alle Zahlen, die eine 7 enthalten oder durch 7 teilbar sind, nicht genannt werden. Stattdessen wird an die Stelle der Zahl ein bestimmtes Wort gesagt. Wer einen Fehler macht, muss sich hinsetzen. Nach und nach wird das Tempo der Zählrunde erhöht. Wer am Schluss übrig bleibt, hat gewonnen.

Variante

➥ Anstelle des Wortes können auch Körpergeräusche wie klatschen, stampfen oder lachen eingesetzt werden.
➥ Je nach Rechenfortschritt der Klasse können schwierigere Aufgaben gestellt werden.
➥ Ein Text wird möglichst flüssig gelesen und bestimmte Wörter werden durch Laute oder Geräusche ersetzt.

Hinweis

Ein besonderer Anreiz für die Übung ist eine Belohnung für den Gewinner (z.B. Hausaufgabenerlass).

Alter
10–16 Jahre

Dauer
10 Minuten

Ziel
➠ Konzentration
➠ Aufwärmphase

Beschreibung

Alle Schüler sitzen im Kreis. Der Lehrer macht rhythmische Bewegungen und Laute vor, alle Schüler machen sie nach:
4 x mit den Füßen stampfen,
4 x in die Hände klatschen,
4 x auf die Oberschenkel schlagen,
4 x mit Daumen und Zeigefinger schnipsen,
aufstehen, drehen und dabei laut bis 4 zählen,
4 x laut „Ha-ha-ha-ha" rufen usw.
Wenn der Ablauf eingeprägt und eingeübt wurde, wird die Klasse in zwei Gruppen eingeteilt und der Ablauf nacheinander in Form eines Kanons durchgeführt. Das heißt: Nach dem Stampfen der ersten Gruppe setzt die zweite Gruppe mit dem Stampfen ein. Anschließend können auch drei oder vier Gruppen gebildet werden.

Hinweis

➠ Die Schüler können selbst Bewegungen und Geräusche vorschlagen.
➠ Die Übung verlangt ein wenig Rhythmusgefühl und ein gewisses Maß an Konzentration.
➠ Der Spaßfaktor ist garantiert, denn das Ergebnis wird komisch klingen.

Zungenbrecher

 Alter
10–14 Jahre

 Dauer
10 Minuten

 Material
Karten mit Zungenbrechertexten

 Ziel
➥ Sprachliche Fähigkeiten schulen
➥ Konzentrationsförderung

Beschreibung

Auf einem Tisch liegen Karten, auf denen Texte mit Zungenbrechern geschrieben sind. Nacheinander kommen die Schüler nach vorne und versuchen spontan mehrmals nacheinander den Text zu lesen. Dabei soll bei gesteigertem Tempo möglichst deutlich gesprochen werden.

Beispiel:
- Allergischer Algerier, algerischer Allergiker.
- Wenn der Benz brennt, brennt das blendende Benz-Bremslicht.
- Jauchzende Jubeljodeljauchzerjungen jubeln jauchzend Jubeljodler.
- Jauchzende Jubeljodler jubeln jauchzende Jubeljodeljauchzerjungen.
- Der Staubsaugerschlauch saugt auch Hausstaub in den
  Staubsaugerbauch.
- Vier vierblättrige Kleeblätter haben vier Kleeblätter mehr als
  vier dreiblättrige Kleeblätter.
- Brautkleid bleibt Brautkleid und Blaukraut bleibt Blaukraut.

Variante

Mehrere Zungenbrecher stehen an der Tafel. Nach einer stillen Vorbereitung können sich Freiwillige an den Texten erproben.

Hinweis

Diese Übung ist zwar äußerst anspruchsvoll, macht den Schülern jedoch viel Spaß.

Alter
12–16 Jahre

 Dauer
10 Minuten

 Material
Große Papierfläche, Stifte

 Ziel
➡ Unzufriedenheit und Kritik äußern
➡ Wohlbefinden ausdrücken

Beschreibung

An einer Wand im Klassenraum befindet sich eine größere Fläche (etwa
4 x 5 m), die so genannte Klagemauer. An einer anderen Stelle ist der so
genannte Lustgarten. Auf beiden Flächen können die Schüler beim Betreten des
Raumes sofort ihre momentane Gefühlslage notieren. Sie können auch Bilder
und Symbole malen oder aufkleben. Die Schüleräußerungen werden nicht mit
Namen gekennzeichnet und auch nicht diskutiert. Die Klagemauer und der
Lustgarten bleiben eine Schulwoche hängen und können am letzten Schultag
der Woche reflektiert werden.

Variante

Die Schüler haben Karten, die sie schon vor dem Unterricht ausfüllen und bei
Unterrichtsbeginn an die jeweilige Wand heften.

Hinweis

Es ist wichtig, dass die Meinungs- und Gefühlsäußerungen nicht bewertet
werden. Der Gang zur Klagemauer oder in den Lustgarten kann so zu einem
entlastenden Ritual werden.

Alter
10–14 Jahre

 Dauer
10 Minuten

 Material
Steine, Murmeln oder andere Gegenstände, die Geräusche erzeugen

 Ziel
➡ Sich aufeinander einstimmen
➡ Förderung der Konzentration

Beschreibung

Die Schüler erhalten zwei Steine oder Murmeln. Sie stellen sich aufrecht hin und schließen die Augen. Der Lehrer berührt einen Schüler, der dann die Steine rhythmisch aneinander schlägt. Nacheinander berührt er andere Schüler, die sich dem Rhythmus anpassen. Berührt der Lehrer einen Schüler ein zweites Mal, stellt dieser das Aneinanderschlagen der Murmeln ein.

Variante

➡ Es können unterschiedliche Rhythmen vereinbart werden.
➡ Man einigt sich auf ein Zeichen, das die Lautstärke der Schläge (lauter – leiser) regelt.
➡ Die Laute können auch mit Körpergeräuschen erzeugt werden (klatschen, schnalzen, pfeifen).

Hinweis

Die Schüler sollen während des Geräuschekonzerts genau hinhören und anschließend berichten, was sie gehört haben.

Alter
10–13 Jahre

 Dauer
10 Minuten

 Material
Ein weicher Gegenstand (Beutel mit Sand gefüllt, leichter Ball)

 Ziel
Einübung von Konzentration und Interaktion

Beschreibung

Alle Schüler stehen im Kreis. Der Lehrer wirft einem Schüler einen Gegenstand zu. Dieser wirft ihn weiter, bis alle Mitschüler den Gegenstand in der Hand hatten. Keiner bekommt den Gegenstand zwei Mal zu fangen. Jeder merkt sich, von wem er den Gegenstand bekommen und an wen er ihn weitergegeben hat. Am Schluss landet der Gegenstand wieder beim Lehrer. Die Flugroute ist nun festgelegt. Hiernach werden mehrere Gegenstände hintereinander auf den Flug geschickt. Das verlangt volle Konzentration und Ruhe. Am Ende landen alle Gegenstände wieder am Ausgangspunkt.

Variante

➡ Wer den Gegenstand in der Hand hatte, verschränkt die Arme.
➡ Die Werfenden und Fangenden suchen vor dem Abwurf Augenkontakt.

Hinweis

➡ Während des Spiels sollte nicht gesprochen werden.
➡ Die Gegenstände müssen behutsam geworfen werden,
sodass niemand verletzt werden kann.

Alter
10–19 Jahre

Dauer
Ca. 10 Minuten

Material
Stoffstück oder Plastikplane

Ziel
➥ Verbesserung des Teamgeistes
➥ Kommunikation

Beschreibung

Die gesamte Klasse oder je eine Gruppe stellt sich auf ein großes Stück Stoff (z.B. vier zusammengenähte Bettlacken) oder eine Plane. Aufgabe der Gruppe ist es, den Stoff umzudrehen, ohne dass jemand die Fläche verlässt. Wenn ein Schüler außerhalb der Fläche den Boden berührt, beginnt die Übung von vorne. Das Spiel ist beendet, wenn die Fläche gewendet ist und alle darauf stehen.

Variante

➥ Die Fläche wird nach einer bestimmten Vorgabe gefaltet.
➥ Die Mitspieler dürfen sich gegenseitig nicht berühren.
➥ Jeweils zwei Teilnehmer müssen sich an der Hand halten.
➥ Es wird ein Zeitlimit festgelegt, bis die Fläche gedreht sein muss.

Hinweis

Diese Übung fördert den Teamgeist in der Klasse. Es müssen gemeinsam Strategien entworfen werden. Jeder ist bei der Umsetzung gefordert und kann seine Ideen einbringen. Je mehr Personen auf der Fläche stehen oder je kleiner die Fläche ist, umso schwieriger wird die Umsetzung.

Zur Ruhe kommen

 Alter
12–19 Jahre

 Dauer
10–15 Minuten

 Material
CD mit ansprechender ruhiger Musik. Tipp: Klassische Musik ist bei Jugendlichen nicht besonders beliebt und schafft eher Unruhe.

 Ziel
➥ Innere Ruhe finden
➥ Konzentration einüben
➥ Entspannung

Beschreibung

Die Schüler werden aufgefordert, eine bequeme Sitzposition einzunehmen. Sie sollen die Augen schließen, ruhig und gleichmäßig atmen. Nur der Lehrer spricht und gibt jeweils kurze Anweisungen. Jeder versucht, sich nur auf sich selbst und die innere Ruhe zu konzentrieren. Alle Geräusche von außen und belastende Gedanken werden ausgeblendet. Ganz langsam werden die Augen wieder geöffnet und der Körper gestreckt und gedehnt.

Variante

➥ Leise Musik im Hintergrund kann die Wirkung der Übung unterstützen.
➥ Die Übung kann verkürzt werden, indem vor Unterrichtsbeginn zwei Minuten absolute Ruhe herrscht.

Hinweis

➥ Diese Übung klappt nicht beim ersten Mal. Sie muss nach und nach eingeübt werden. Nach einiger Zeit kann sie jedoch zu einem erholsamen Ritual werden.
➥ Wenn die Widerstände der Schüler zu massiv sind, sollte die Übung nur für Freiwillige angeboten werden.

Alter
10–13 Jahre

 Dauer
10–15 Minuten

 Ziel
➥ Konzentration und Koordination
➥ Humorvoller Einstieg

Beschreibung

Jeweils drei Schüler bilden eine Gruppe. Zwei spielen jeweils einen Roboter. Sie stehen mit dem Rücken zueinander. Der Dritte steuert die Roboter. Ziel des Spieles ist es, dass die Roboter sich am Schluss Gesicht an Gesicht gegenüber stehen. Mit einem sanften Handschlag auf den Kopf werden die Roboter angestellt und bewegen sich langsam geradeaus. Wird die Hand auf die rechte Schulter gelegt, drehen sie sich so lange nach rechts, wie die Hand aufliegt. Gleiches gilt beim Handauflegen auf die linke Schulter.

Variante

Wenn mehrere Gruppen in einem kleinen Raum in Bewegung sind, stellen sich die Roboter vor einer Karambolage automatisch aus. Sie müssen dann wieder neu eingeschaltet werden.

Hinweis

➥ Das Spiel bringt nicht nur Bewegung und lustige Situationen, sondern verlangt auch viel Konzentration.
➥ Damit es zu keinem Chaos im Klassenraum kommt, sollten sich alle in einem angemessenen Tempo bewegen.

Brücken bauen

 Alter
12–19 Jahre

 Dauer
10–15 Minuten

 Material
Pro Gruppe: Schere, Klebeband, fünf DIN-A4-Blätter, zwei Tische, Stein

 Ziel
➥ Konzentration
➥ Im Team eine Problemlösung finden

Beschreibung

Es werden Gruppen mit drei bis fünf Personen gebildet. Jede Gruppe muss mit dem zur Verfügung stehenden Material möglichst schnell folgende Aufgabe lösen: Sie soll eine Brücke zwischen zwei Tischen bauen. Der Abstand zwischen den Tischen beträgt etwa 60 cm. Die Brücke muss eine vorgegebene Belastung (einen Stein) aushalten können. Am Schluss werden die einzelnen Brücken auf ihre Belastbarkeit getestet und die gemachten Erfahrungen kurz reflektiert.

Variante

➥ Man kann anderes Baumaterial (z.B. Seil und Klammern) vorgeben.
➥ Die Schüler sollen mit vorgegebenen Gegenständen einen Turm bauen.
   Das Team, das den höchsten Turm baut, gewinnt.

Hinweis

Es wird ein Zeitlimit zum Lösen der Aufgabe festgelegt.

Alter
12–19 Jahre

 Dauer
10–15 Minuten

 Ziel
➥ Förderung des Gemeinschaftsgefühls
➥ Interaktion
➥ Gemeinsame Problemlösung

Beschreibung

Es werden Gruppen mit je acht bis zehn Teilnehmern gebildet. Sie stellen sich im Kreis auf, schließen die Augen und machen einen Schritt aufeinander zu. Alle strecken die Hände nach oben und ergreifen jeweils zwei Hände. Wichtig ist, dass es nicht die Hand eines Nachbarn oder zwei Hände einer Person sein dürfen. Wenn alle Schüler zwei Hände gefunden haben, öffnen sie die Augen. Der Knoten, der entstanden ist, muss nun in gemeinsamer Arbeit entwirrt werden. Dabei kann man über Arme steigen oder darunter hindurch kriechen. Ist der Knoten gelöst, entsteht ein Kreis, manchmal auch mehrere.

Variante

➥ Die Teilnehmer dürfen beim Entknoten nicht sprechen, sondern handeln auf Anweisung eines Mitschülers oder des Lehrers.
➥ Während des Spiels wird überhaupt nicht gesprochen. Die gesamte Übung – also auch das Entknoten – wird mit geschlossenen Augen gespielt.
➥ Die Zuschauer erhalten Beobachtungsaufgaben, die später gemeinsam ausgewertet werden: Wer hatte das Kommando? Wie gehen die Spieler miteinander um? Wie wurde das Problem gelöst? Wie verhalten sich die Spieler, wenn es scheinbar nicht mehr weitergeht?

Hinweis

➥ Die Spielregeln müssen genau erläutert werden.
➥ Es handelt sich hier um ein Kommunikationsspiel, das aufzeigen kann, wie die Gruppe miteinander umgeht.

Alter
14–19 Jahre

 Dauer
15 Minuten

 Material
Plakate, Stifte

 Ziel
➡ Einstimmung
➡ Überblick über die Erwartungen

Beschreibung

Der Lehrer schreibt folgenden Satz auf ein Plakat:
„Mit welchen Erwartungen komme ich heute in den Unterricht?"
Als Zuordnungsbegriffe notiert er auf vier weiteren Plakaten:
Erwartungen …
   … an den Unterricht,
   … an den Lehrer,
   … an die Mitschüler,
   … an mich selbst.
Die Schüler notieren auf den einzelnen Plakaten ihre Erwartungen. Am Ende
der Stunde überprüft die Klasse gemeinsam, ob diese erfüllt wurden,
und diskutiert über unerfüllte Erwartungen.

Variante

Alle formulieren in einem Blitzlicht ihre Erwartungen.

Hinweis

Die Übung eignet sich besonders gut am Beginn eines neuen Schuljahres.

Alter
10–16 Jahre

 Dauer
Ca. 15 Minuten

Ziel
Störungen benennen und klären

Beschreibung

Ist zu Stundenbeginn ersichtlich, dass es in der Klasse einen Konflikt gibt, der Unruhe oder sogar Aggressionen hervorruft, muss dies angesprochen werden. Dabei sollte der Lehrer schrittweise und systematisch vorgehen:
• Den Konflikt benennen.
• Die Konfliktpartner mit ihren unterschiedlichen Meinungen zu Wort kommen lassen.
• Lösungsmöglichkeiten sammeln.
• Die Schüler können die Anregungen mitnehmen, um das Problem mit dem Klassenlehrer ausführlich zu besprechen oder aber selbst zu lösen.

Variante

Wenn der Konflikt ausschließlich zwischen zwei Schülern besteht, kann der Lehrer eine Klärung nur mit den beiden Betroffenen herbeiführen. Auch ganz private Konflikte sollten angesprochen werden, gehören aber nicht in den Unterricht.

Hinweis

➡ Der Konflikt wird eher selten zu Unterrichtsbeginn geklärt, da hierfür mehr Zeit erforderlich ist. Er sollte jedoch nicht verdrängt und bagatellisiert werden, denn eine Klärung ist wichtig für den weiteren Unterrichtsverlauf.
➡ Nicht immer muss der Lehrer den Konflikt lösen. Wichtiger sind Anregungen zum eigenverantwortlichen kreativen Lösen der Konflikte. Der Lehrer hat eher eine begleitende und beratende Funktion.

Alter
14–19 Jahre

Dauer
Ca. 15 Minuten

Ziel
➡ Selbsterfahrung
➡ Gefühlsbeschreibung

Beschreibung

Die Schüler sollen mit Hilfe von Metaphern ihre momentane Gefühlslage veranschaulichen. Dazu schreibt der Lehrer den Anfang eines Satzes an die Tafel (z.B. „Ich fühle mich heute Morgen wie …", „Schule ist wie …"). Dieser Satz soll dann vervollständigt werden. Die Schüler erläutern ihre Metaphern und die zugrunde liegenden Stimmungen.

Beispiel:
Das Leben ist wie …
… eine Baustelle,
… eine einsame Insel,
… eine Karussellfahrt,
… eine Fahrt auf einem bewegten Schiff,
… ein Theaterstück,
… eine Prüfung,
… eine Wundertüte,
… ein Puzzle.

Variante

Metaphern werden zu verschiedenen Aussagen gesammelt und auf Plakate geschrieben.

Hinweis

➡ Die Metaphernübung eignet sich gut, um Stimmungen bildhaft zu verdeutlichen.
➡ Eine Metapher kann auch verwendet werden, um ein bestimmtes Thema zu umschreiben.

Der innere Schweinehund

 Alter
14–16 Jahre

 Dauer
Ca. 15 Minuten

 Material
Arbeitsblätter

 Ziel
Motivationskiller finden und benennen

Beschreibung

Der Lehrer gibt den Schülern ein Arbeitsblatt, auf dem sie notieren können, was ihre Motivation bremst. Anschließend sollen sie ihr Ergebnis nicht vorlesen, sondern Möglichkeiten benennen, um ihre Motivation zu fördern.

Beispiel:
Ich habe heute keine Lust auf Mathe! – Ich nehme mir vor, mindestens fünf Mal in dieser Stunde aufzuzeigen und kaufe mir anschließend beim Kiosk was Leckeres.

Variante

Die Schüler beantworten die folgenden Fragen:
• Was demotiviert mich?
• Was kann ich dagegen tun?
• Was werde ich dagegen tun?
• Wann fange ich damit an?

Hinweis

Sehr häufig denken Schüler: „Das kapiere ich nie!" oder „Das schaffe ich nie!" Sie sollen versuchen, ihren „inneren Schweinehund", die Motivationskiller, die sie immer wieder in ihrer Lernlust bremsen, zu überwinden. Entscheidend hierfür ist, dass sie selbst Möglichkeiten benennen, die ihre Motivation fördern können.

Alter
10–19 Jahre

 Dauer
Ca. 15 Minuten

 Ziel
Aktuelle Themen verbalisieren

Beschreibung

Der Lehrer spricht die Schüler auf ein aktuelles Thema an, das momentan in den Medien eine große Rolle spielt. Dabei können die Schüler ihren Wissensstand, aber auch ihre Betroffenheit äußern.

Variante

Der Lehrer liest einen Zeitungsausschnitt vor oder zeigt ein aktuelles Foto.

Hinweis

Häufig reagieren Schüler auf Geschehnissen in der Welt oder im näheren Umfeld äußerst betroffen. Sie haben viele Fragen oder wollen ihrer Wut, Trauer oder Freude einfach Luft machen. Dazu sollte vor allem der Unterricht Gelegenheit bieten.

Blindenführung

Alter
12–16 Jahre

Dauer
Ca. 15 Minuten

Material
Augenbinde

Ziel
➥ Förderung von Konzentration und Aufmerksamkeit
➥ Vertrauen und Verantwortung entwickeln

Beschreibung

Jeweils zwei Schüler bilden ein Team. Einem werden die Augen verbunden, der andere nimmt ihn an der Hand und führt ihn durch die Schule. Dabei soll er auf Hindernisse wie Treppen oder Türen aufmerksam machen. Nach fünf Minuten tauschen beide die Rollen. Am Schluss der Übung werden die Erfahrungen kurz ausgetauscht.

Variante

➥ Die Blindenführung findet im Klassenraum statt. Dabei werden verschiedene Hindernisse aufgebaut.
➥ Während der Übung wird nicht geredet.
➥ Der Blinde wird jeweils von zwei Personen geführt.
➥ Beiden Schülern werden die Augen verbunden. Sie sollen nun eine bestimmte Aufgabe erfüllen (z.B. Gegenstände zusammenbauen oder erfühlen).
➥ Der „Blinde" kann während der Führung Gegenstände durch Ertasten erraten.

Hinweis

➥ Die Schüler werden gebeten, vorsichtig miteinander umzugehen.
➥ Schüler, die bei einer solchen Übung Ängste entwickeln, brauchen an der Übung nicht teilzunehmen.

Alter
10–16 Jahre

Dauer
15–20 Minuten

Material
Blätter, Stifte

Ziel
➡ Kreative Konzentration fördern
➡ Ein Meinungsbild verschaffen

Beschreibung

Jeder Schüler schreibt zunächst seinen Vor- und Nachnamen senkrecht in Druckbuchstaben auf ein Blatt Papier. Mit jedem Anfangsbuchstaben wird ein Wort gebildet, das etwas mit einer vorgegebenen Frage zu tun haben muss (z.B. „Wie geht es mir heute Morgen?").

Variante

➡ Aus den untereinander geschriebenen Wörtern soll ein Satz gebildet werden.
➡ In einer komplizierten Variante sollen die Wörter von oben nach unten einen sinnvollen Satz ergeben.

Hinweis

Die Schüler sollen mit Hilfe dieser Übung konzentriert eine Aufgabe lösen.

Alter
10–16 Jahre

Dauer
Ca. 15–20 Minuten

Material
Wollknäuel

Ziel
➥ Förderung der Gemeinschaft
➥ Konzentration einüben

Beschreibung

Alle Schüler sitzen im Kreis. Der Lehrer erläutert zunächst das Spiel und wirft den Wollknäuel an den ersten Schüler weiter. Mit dem Wurf verbindet er eine Frage (z.B. „Wie bist du heute Morgen gelaunt?" oder „Was erwartest du vom heutigen Schultag?"). Der Schüler beantwortet die Frage und wirft den Wollknäuel weiter. Dabei stellt auch er eine Frage, die dann von dem Fänger beantwortet werden muss. Es kann immer die gleiche Frage beantwortet werden oder jeder stellt eine neue Frage zu einem festgelegten Themengebiet. Nach und nach entsteht durch den Wollknäuel in der Mitte ein Netz, das immer dichter wird.

Variante

➥ Am Schluss kann ein Luftballon in die Mitte geworfen werden, den dann alle bei gleichzeitigem Heben des Netzes in die Höhe werfen.
➥ Der Wollknäuel kann am Schluss entwirrt werden, indem er den gleichen Weg wieder zurücklegt. Dabei muss sich jeder zuvor merken, wer ihm den Knäuel zugeworfen hat.
➥ Zwei Wollknäuel werden gleichzeitig geworfen.

Hinweis

➥ Es ist wichtig, dass alle während des Spiels Blickkontakt halten und sich auf den Wurf vorbereiten.
➥ Der Knäuel sollte behutsam geworfen werden.

Produktive Unterrichtseinstiege

Thematisch motivieren

Thematisch motivieren

Am Beginn vieler Unterrichtsstunden steht das Bemühen der Lehrkraft, die Schüler an ein Thema heranzuführen. Es soll Interesse und Aufmerksamkeit für das Thema geweckt werden. Dabei geht es zunächst nicht um das Thema selbst, sondern um die grundsätzliche **Lernbereitschaft und Lernlust.** Denn häufig hat das offensichtliche Desinteresse weniger mit dem Thema als mit der Befindlichkeit der Schüler zu tun. Wenn dies der Fall ist, erscheint es sinnvoll, den Unterrichtseinstieg eher auf der emotionalen Ebene zu eröffnen (siehe Methoden im vorherigen Kapitel „Ankommen").

Um Schüler für ein konkretes Thema zu motivieren, müssen sie zunächst damit vertraut gemacht werden. **Hier erscheint es wichtig, die Schüler da abzuholen, wo sie stehen:**
➡ Welche Erfahrungen haben sie mit dem Thema?
➡ Wie ist ihr Wissensstand?

Entsprechend offen sind die Einstiege für die Mitwirkung der Lernenden. Das Thema, die Ziele und der Verlauf werden transparent und die Schüler haben die Möglichkeit, selbst aktiv zu sein, mitzuplanen und mitzugestalten. Sie werden zu Lernpartnern.

Damit die Schüler Geschmack am Thema finden und Neugier sowie Interesse entwickeln, müssen sie selbst eine **Haltung des Fragens und Suchens** und eine **Bereitschaft zum eigenverantwortlichen Handeln** entwickeln.

Dabei sollte darauf geachtet werden, dass die durch den Einstieg geweckte Motivation und neugierige Fragehaltung in weitere Phasen der Unterrichtsstunde übertragen werden. Folgt nach dem Hoch des Einstiegs ein langweiliger und trockener Unterricht, hat das nur Frustration und Desinteresse zur Folge. Dann wäre der Unterrichtseinstieg nicht echt und nur ein methodisches Mittel zum Ködern der Lernenden.

Auch bei thematisch motivierenden Unterrichtseinstiegen gibt es Routinen, die an die Lehrperson gebunden sind. Sie geben den Lehrern und Schülern das Gefühl der Sicherheit. Die folgenden Anregungen wollen dazu ermuntern, diese Routine zu unterbrechen und neue kreative Möglichkeiten auszuprobieren.

Alter
10–14 Jahre

 Dauer
Ca. 5 Minuten

 Material
Flyer

 Ziel
➡ Neugier wecken
➡ Motivation fördern

Beschreibung

Der Lehrer begrüßt die Schüler mit einem selbst erstellten Flyer, der für die Unterrichtsstunde und das zu behandelnde Thema wirbt. Er verteilt die Flyer vor der Klassentür und lädt die Schüler hierdurch zu seinem Unterricht ein. Die Schüler haben einige Minuten Zeit, sich das Info-Blatt durchzulesen und können danach informative Fragen stellen.

> **Beispiel:**
> • Heute um 10:25 Uhr ganz aktuell und neu bearbeitet: …
>   Seien Sie dabei, wenn …
> • Heute von 9:40 bis 11:10 Uhr: Die ultimative Wissensshow
>   in Raum 412 unter Beteiligung des Publikums.
>   So macht Lernen Spaß!!!

Variante

Der Lehrer leitet die Schüler als „Sandwichman" in den Klassenraum. Je ein Plakat auf dem Rücken und vor dem Bauch informieren über das, was in der Stunde auf sie zukommen wird.

Hinweis

➡ Der Flyer ist ein beliebtes Medium, um für Veranstaltungen zu werben. Warum soll der Lehrer nicht auch für seinen Unterricht Werbung machen?
➡ Auf dem Flyer kann das Thema der Stunde und die wichtigsten Thesen abgedruckt sein. Dabei sollte das Layout ansprechend und werbewirksam sein.

▶▶▶▶ 2. Thematisch motivieren ◀◀◀◀

 Alter
10–16 Jahre

 Dauer
Ca. 5 Minuten

 Material
Text bzw. Stichwortblatt für den Erzähler

 Ziel
➡ Konzentration fördern
➡ Hinführung zum Thema

Beschreibung

Der Lehrer erzählt eine Geschichte, ein Märchen oder eine Anekdote, die zum Thema der Unterrichtstunde hinführt. Hintergrund und Aussage des Textes können im nachfolgenden Unterrichtsgeschehen erarbeitet werden.

Variante

Die Geschichte wird von Schülern in unterschiedlichen Rollen vorgetragen.

Hinweis

➡ Die Geschichte sollte nach Möglichkeit nicht vorgelesen, sondern erzählt werden.
➡ Die Methode ist in allen Fächern einsetzbar, denn es gibt über viele berühmte Persönlichkeiten (z.B. Albert Einstein, Franz Kafka, Pythagoras oder Marie Curie) Anekdoten zu erzählen.
➡ Geschichten zu erzählen kann zu einem wohltuenden Ritual werden, das jedoch nicht zu oft eingesetzt werden sollte.

Alter
10–19 Jahre

 Dauer
Ca. 5–10 Minuten

 Ziel
➡ Veranschaulichung einer Problemstellung
➡ Aufzeigen von Lösungswegen

Beschreibung

Der Lehrer demonstriert einen abstrakten Sachverhalt oder eine Fragestellung mit Hilfe von Gegenständen oder Medien. Die Schüler setzen sich sehend, hörend, riechend, schmeckend oder tastend damit auseinander.

Beispiel:

Der Lehrer füllt einen Luftballon mit reinem Wasserstoffgas und verknotet ihn. An den Ballon bindet er ein Seil und lässt ihn fliegen. Anschließend wird der Ballon mit einer brennenden Kerze (an einer langen Stange) entzündet. Es kommt zu einem lauten Knall und einem kleinen Feuerwerk.

Hinweis

➡ Bei der Demonstration werden möglichst viele Sinne angesprochen und auf diese Weise schwierige Sachverhalte anschaulich erläutert.

➡ Demonstrationen sollten spannend gestaltet werden, um die Aufmerksamkeit der Schüler zu erhöhen.

➡ Besonders naturwissenschaftliche Fächer bieten eine breite Palette an Demonstrationen bzw. Versuchen.

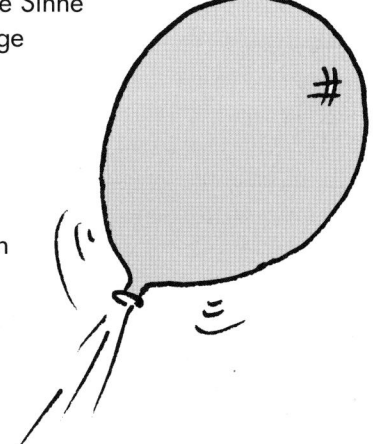

▶▶▶▶ 2. Thematisch motivieren ◀◀◀◀

 Alter
12–19 Jahre

 Dauer
10 Minuten

 Ziel
➥ Verschiedene Sichtweisen entwickeln
➥ Den Standpunkt verändern
➥ Meinungsbildung durch Provokation

Beschreibung

Den Schülern wird zunächst der Begriff „Advocatus Diaboli" erläutert. Nun übernimmt ein Schüler zu einem vorgegebenen Thema diese Rolle und versucht die Mitschüler mit Argumenten zu überzeugen und auf seine Seite zu ziehen.

Variante

Der Lehrer vertritt in einer stimmungsvollen Rede eine Position, die zu Erstaunen und Widerspruch führen soll.

Hinweis

➥ Der Advocatus Diaboli ist jemand, der bewusst eine Gegenposition vertritt und so häufig auch Partei für die eher kritische Seite ergreift.
➥ Die Methode eignet sich besonders für Themen, die kontrovers diskutiert werden sollen.

Alter
12–16 Jahre

 Dauer
Ca. 10 Minuten

 Material
Ein kleines Notizbuch für jeden Schüler

 Ziel
➡ Sammeln von Ideen
➡ Anregung durch andere Ideengeber

Beschreibung

An alle Schüler werden kleine Notizbücher verteilt. Auf der Titelseite steht das entsprechende Thema. Die Schüler müssen das Notizbuch immer bei sich tragen, um so spontan Gedanken und Einfälle eintragen zu können. Nach Möglichkeit sollte täglich mindestens ein Eintrag erfolgen. Nach einer Woche werden die Notizbücher gemäß einer vorgegebenen Liste ausgetauscht. Die Schüler sollen sich nun von den Ideen der anderen anregen lassen und neue Gedanken aufschreiben. Die Bücher werden nach einigen Tagen wieder ausgetauscht. Die Klasse legt selbstständig fest, wie häufig ein Austausch der Bücher stattfindet.
Am Anfang einer Unterrichtsstunde können die Schüler in einer Notizbuch-Galerie alle Beiträge lesen.

Variante

➡ Es wird ein leeres Buch ausgelegt, in das die Schüler ihre Ideen innerhalb eines längeren Zeitraums eintragen können.
➡ Das Internet bietet auch die Möglichkeit, auf einer Homepage ein Forum anzulegen, in dem Ideen gesammelt werden.

Hinweis

➡ Die Bücher werden vom Lehrer vorbereitet.
➡ Natürlich kann nicht jeder jedes Notizbuch einsehen. Sie sollten jedoch wegen der Ideenvielfalt möglichst oft getauscht werden.

▶ ▶ ▶ ▶ **2. Thematisch motivieren** ◀ ◀ ◀ ◀

 Alter
10–19 Jahre

 Dauer
10 Minuten

 Material
Unterschiedliche Präsentationsmedien

 Ziel
Einführung in ein Thema

Beschreibung

Der Lehrer führt durch einen kurzen, prägnanten Vortrag in das Thema ein.
Dabei gibt er einen Überblick und benennt die wichtigsten Aspekte, Thesen
und Fragestellungen. Er sollte auf eine lebendige und abwechslungsreiche
Darstellung, die die Neugier der Schüler weckt, achten.

Hinweis

➡ Das Impulsreferat wird anschaulicher, wenn hierbei Medien eingesetzt
werden. Gut geeignet sind Power-Point-Präsentationen, die mit Hilfe von
Bildern und Grafiken das Gesagte verdeutlichen.

➡ Die Lebendigkeit eines Vortrags wird
besonders durch die Sprache
gefördert. Deshalb sollte man
auf sprachliche Ausdrucksmittel
(Lautstärke, Tempo usw.) achten.

➡ Die Schüler sollten fachlich nicht
überfordert werden.

Produktive Unterrichtseinstiege

Alter
10–13 Jahre

 Dauer
10 Minuten

 Ziel
➡ Spielerische Hinführung zu einem Thema
➡ Merken von Fachbegriffen
➡ Neugierig machen

Beschreibung

Zwei Gruppen stellen sich in einer Reihe auf. Der erste Schüler steht an der Tafel, das letzte Gruppenmitglied im Klassenraum. Der Lehrer zeigt den Schülern am Ende der Reihe einen Begriff, den sie dann auf den Rücken des Vordermanns schreiben bzw. malen sollen. Die anderen Gruppenmitglieder verfahren genauso. Der erste Schüler in der Reihe überträgt dann das, was er auf seinem Rücken erkannt hat, auf die Tafel. Bei der Übung wird nicht gesprochen.
Alle schauen sich das Wort bzw. die Zeichnung an der Tafel an und erforschen, wie sich der Begriff auf seinem Weg zur Tafel verändert hat. Der Lehrer nennt den richtigen Begriff und erläutert kurz dessen Bedeutung.

Variante

Alternativ zum Schreiben oder Zeichnen kann der Begriff auch ins Ohr geflüstert werden („Stille Post").

Hinweis

➡ Die Schüler sollen möglichst genau schreiben oder zeichnen.
➡ Jeder hat nur einen Versuch.

▶▶▶▶ 2. Thematisch motivieren ◀◀◀◀

 Alter
12–16 Jahre

 Dauer
10 Minuten

 Material
Karten mit Unterrichtsthesen

 Ziel
➡ Texte durch Körpersprache und Stimme ausdrücken
➡ Einführung in die wichtigsten Unterrichtsthesen

Beschreibung

Der Lehrer hat einige Karten vorbereitet, auf denen die wichtigsten Thesen der folgenden Stunde jeweils in einem Satz notiert sind. Die Schüler gehen nacheinander nach vorne, ziehen eine Karte und lesen den Satz leise durch. Nun sollen sie mit Einsatz des ganzen Körpers (Gestik, Mimik und Bewegung) und mit einer dem Text entsprechenden Stimme den Satz vortragen. Es können mehrere Sätze von unterschiedlichen Schülern präsentiert werden.

Hinweis

Die Körpersprache bietet zusätzliche Möglichkeiten, einem Inhalt Ausdruck zu verleihen. Außerdem können sich viele Schüler die Thesen auf diese Weise besser merken.

Phantasiereise

 Alter
10–13 Jahre

 Dauer
Ca. 10 Minuten

 Ziel
➡ Einstieg in ein Thema
➡ Innere Bilder erzeugen

Beschreibung

Bei einer Phantasiereise geht es darum, innere Bilder durch vorgegebene Inhalte zu erzeugen. Hierauf müssen die Schüler kurz eingestimmt werden. Sie sollen eine bequeme Haltung einnehmen, die Augen schließen und zur Ruhe kommen. Dann beginnt der Lehrer mit der Phantasiereise (siehe Seite 58).
Am Ende der Reise öffnen alle Schüler wieder die Augen und finden sich in die Unterrichtssituation ein. Wer will, kann seine Erfahrungen mitteilen.

Variante

➡ Während der Phantasiereise kann im Hintergrund leise Musik laufen.
➡ Die Schüler können auch liegen oder sitzen.

Hinweis

➡ Der Lehrer sollte ruhig sprechen und die Phantasie anregende Bilder anbieten. Dabei muss aber auch genügend Zeit bleiben, um eigene Bilder zu ermöglichen. Besonders offene Fragen regen zum Weiterdenken an.
➡ Nicht alle Schüler kommen damit zurecht, die Augen zu schließen und nach innen zu blicken. Der Lehrer sollte niemanden zwingen.
➡ Phantasiereisen eignen sich auch gut als thematischer Einstieg.

Eine Phantasiereise

Setze dich bequem auf deinen Platz ... Schließe deine Augen ...
Du atmest ruhig und gleichmäßig ... Du spürst, wie sich dein
Körper nach und nach entspannt ... Konzentriere deine Gedanken
auf das Hier und Jetzt ...

Stell dir vor, dass du aufstehst und diesen Raum verlässt ...
Du gehst durch das Schulgebäude und trittst vor die Schule ...
Du überquerst einige Straßen und gehst in einen vor dir
liegenden Wald ... Die Sonne scheint durch die Baumwipfel ...
Du betrachtest einige Waldtiere ... Von weitem siehst du einen
alten Mann, der auf dich zukommt ... Er steht nun vor dir und
spricht dich an: „Wo kommst du her?" ...
Du erzählst ihm, dass du aus der Schule kommst und wie du
dich dort fühlst ... Er fragt dich, wie du dir die ideale Schule
vorstellst. Du antwortest ihm ...
Er erzählt dir, was du machen kannst, um dich in deiner Schule
wohl zu fühlen ... Nun fragt er dich nach dem Thema, das ihr
momentan im Unterricht behandelt ... Du berichtest ihm, was
dich daran besonders interessiert ... Er gibt dir noch einen
wichtigen Tipp ...

Du bedankst dich bei dem alten weisen Mann und machst dich
wieder auf den Rückweg ...

Ganz vorsichtig kehrst du wieder in diesen Raum zurück ...
Atme einige Male tief durch ... Strecke nach und nach alle
Körperteile aus ... Öffne deine Augen und sieh dich im
Raum um.

Erinnere dich an das, was du erlebt hast und teile es den
anderen nun mit.

© Verlag an der Ruhr • Postfach 10 22 51 • 45422 Mülheim an der Ruhr • www.verlagruhr.de • ISBN 3-8346-0022-9

Produktive Unterrichtseinstiege

Alter
12–14 Jahre

 Dauer
Ca. 10 Minuten

 Material
Arbeitsblätter mit Kästchen

 Ziel
➡ Kreative Ideensammlung
➡ Hinführung zum Thema
➡ Fördern der Konzentration

Beschreibung

Auf einem Arbeitsblatt sind große Kästchen für ein Kreuzworträtsel vorgegeben. Ein Thema wird waagerecht oder senkrecht in die Mitte geschrieben. Die Schüler suchen Begriffe, die sie mit dem Thema verbinden. Diese werden waagerecht und senkrecht ergänzt. Alle Blätter werden anschließend an einer Wand ausgestellt.

Variante

➡ Es wird ein Riesen-Plakat mit sehr vielen Kästchen vorbereitet. Darauf stehen waagerecht und senkrecht einige Begriffe. Die Schüler sollen diese nun wie oben beschrieben ergänzen.
➡ Das Kreuzworträtsel wird gestaltet, indem Begriffe zu vorgegebenen Umschreibungen gefunden und eingetragen werden.
➡ Möglich ist auch ein Schwedenrätsel, bei dem die zu suchenden Begriffe in einem Buchstabenwirrwarr versteckt sind.

Hinweis

Es gibt mittlerweile gute Computerprogramme, mit deren Hilfe sich Kreuzworträtsel ohne großen Aufwand selbst konstruieren lassen.

▶ ▶ ▶ ▶ 2. Thematisch motivieren ◀ ◀ ◀ ◀

 Alter
10–19 Jahre

 Dauer
Ca. 10 Minuten

 Material
Klebepunkte bzw. -band

 Ziel
➥ Position beziehen
➥ Standpunkt überprüfen
➥ Meinungsbild erstellen

Beschreibung

Der Lehrer formuliert eine Streitfrage, die er an die Tafel schreibt. Durch den Klassenraum wird von einer Ecke zur anderen eine Linie gezogen. Drei Punkte werden markiert:
• Linke Ecke = Ich stimme zu!
• Rechte Ecke = Ich stimme nicht zu!
• Mitte = Ich kann mich nicht entscheiden!

Die Schüler können sich an die Stelle begeben, die ihrem Standpunkt entspricht. Sie haben aber auch die Möglichkeit, sich nur in die Nähe eines Punktes zu stellen.

Variante

Die einzelnen Positionen können kurz begründet werden.

Hinweis

Mit dieser Methode lässt sich ein Stimmungs- bzw. Meinungsbild der Klasse darstellen, ohne lange Diskussionen führen zu müssen.

Alter
12–16 Jahre

 Dauer
Ca. 10 Minuten

 Ziel
Entlastende Wirkung, die neue Kräfte freisetzt

Beschreibung

„Speakers Corner" in London:
Nach jahrhundertealter Tradition kann sich hier jeder, der will, auf eine Kiste stellen und alles sagen, was ihm unter den Nägeln brennt.

„Speakers Corner" im Unterricht:
Wer will, kann sich auf einen Stuhl stellen und seine Meinung zum Thema, zur momentanen Arbeitsweise und zur Motivation preisgeben.

Variante

„Mülleimerstunde": Ärger und Frust werden auf ein Stück Papier notiert, anschließend zerrissen und in den Papierkorb geworfen.

Hinweis

➡ Zunächst wirkt diese Übung eher demotivierend. Sie hat jedoch eine enorm entlastende Wirkung. „Luft ablassen" tut gut. Die Motivation der Schüler kann hiernach wieder aufgebaut werden.
➡ Es wäre sinnvoll, wenn die Schüler die Übung manchmal auch ohne Lehrer durchführen. Dann werden die Meinungen sicherlich ehrlicher vorgetragen.
➡ Beleidigungen und unfaire Äußerungen sollten unterbleiben.

▶▶▶▶ **2. Thematisch motivieren** ◀◀◀◀

 Alter
10–19 Jahre

 Dauer
10 Minuten

 Material
Großer Bogen Papier, Stifte

 Ziel
➡ Effektive Kommunikation
➡ Eindeutig Position beziehen
➡ Konzentriert hinschauen und mitdenken

Beschreibung

Im Schreibgespräch soll schreibend miteinander gesprochen werden. Auf einem großen Papierbogen steht in der Mitte ein Thema oder eine Frage. Die Schüler stellen sich im Kreis um den Tisch und schreiben einen Satz zu dem Thema. Dabei lesen sie, welche Beiträge die anderen schreiben und können mit dem Stift darauf reagieren (Fragen, Gegenfragen, Antworten, Symbole, Pfeile). So entsteht ein Gespräch auf dem Papier. Es wird nicht miteinander gesprochen, sondern nur geschrieben.

Variante

➡ Man kann Kleingruppen bilden, die unterschiedliche Themen bearbeiten.
➡ Methode 6-3-5: Sechs Personen erhalten ein Arbeitsblatt, auf das sie drei Ideen zur Aufgabenstellung notieren. Das Blatt wird an den Nachbarn weitergegeben, der die Ideen aufgreift und drei weitere hinzufügt. Jedes Blatt wird fünf Mal weitergegeben.

Hinweis

Das Schreibgespräch hat den Vorteil, dass das geschriebene Wort immer nachlesbar und das gesamte Gespräch mit allen Beiträgen immer im Blick ist.

Alter
10–19 Jahre

Dauer
10–15 Minuten

Material
Arbeitsblätter, Stifte

Ziel
➡ Sammeln von Ideen
➡ Vorhandenes Wissen abrufen
➡ Erschließen eines Themas

Beschreibung

Jeder Schüler erhält ein Arbeitsblatt mit einer ABC-Liste (siehe Seite 64). Ein Thema oder eine Fragestellung wird vorgegeben. Die Schüler notieren zu jedem Buchstaben ein Wort, einen Satz oder eine Frage. Anschließend werden alle Ergebnisse zu jedem Buchstaben vorgetragen.

Variante

➡ Das Ausfüllen des Arbeitsblattes kann in Gruppenarbeit erfolgen.
➡ Das ABC wird auf einem großen Plakat von den Schülern ausgefüllt.
➡ Blätter mit den einzelnen Buchstaben machen in der Klasse die Runde und jeder notiert seine Ideen.

Hinweis

➡ Die Auswertung der Arbeitsblätter kann von einigen Schülern als Hausarbeit übernommen werden.
➡ Bei großen Klassen ist die Auswertung sehr aufwändig. Hier erscheint die Arbeit in Gruppen sinnvoller.

ABC-Liste

Thema: _____

A _____

B _____

C _____

D _____

E _____

F _____

G _____

H _____

I _____

J _____

K _____

L _____

M _____

N _____

O _____

P _____

Q _____

R _____

S _____

T _____

U _____

V _____

W _____

X _____

Y _____

Z _____

Kopiervorlage!

© Verlag an der Ruhr • Postfach 10 22 51 • 45422 Mülheim an der Ruhr • www.verlagruhr.de • ISBN 3-8346-0022-9

Alter
10–19 Jahre

Dauer
10–15 Minuten

Material
Kurzfilm, Videorekorder bzw. DVD-Player, Fernsehgerät

Ziel
Visualisierung eines Themas

Beschreibung

Der Lehrer leitet kurz in den Film ein und führt ihn anschließend vor. Die Schüler erhalten Beobachtungsaufgaben, die sie während der Filmvorführung oder danach beantworten sollen.

Variante

Die Schüler erstellen Fragen zum Film, deren Beantwortung im Laufe des Unterrichts erarbeitet wird.

Hinweis

➡ Kinder und Jugendliche reagieren heutzutage meist konzentriert und interessiert auf das Medium Film, wenn es sich um Unterhaltung handelt. Es sollte deutlich werden, dass der gezeigte Kurzfilm als Lehrfilm dient.

➡ Für fast alle Fächer werden mittlerweile informative und anschauliche Kurzfilme angeboten. Dabei handelt es sich um Dokumentationen, Reportagen o.Ä.

➡ Kurzfilme für schulische Zwecke sind bei Filmdiensten und Medienstellen kostenlos ausleihbar. Dort werden ebenfalls entsprechende Kataloge angeboten. Aber auch im Internet finden sich Kurzfilm-Datenbanken.

Alter
10–19 Jahre

Dauer
10–15 Minuten

Material
Tafel, Kreide, Plakate, Stifte

Ziel
➥ Schnelle Sammlung vieler Ideen
➥ Förderung von Spontaneität und Kreativität

Beschreibung

Die Schüler schreiben ganz spontan ihre Ideen und Gedanken zu einem Thema oder einer Fragestellung an die Tafel oder auf ein Plakat. Es gibt keine Bewertung und kein „richtig" oder „falsch". Alle Ideen werden gesammelt (siehe Seite 67). Der Gedankenfluss sollte nicht gebremst werden.

Variante

➥ Die Ideensammlung kann auch in Kleingruppen durchgeführt und anschließend in der Großgruppe präsentiert werden.
➥ Ein Brainstorming kann auch mündlich ablaufen.
➥ Ideenkarussell: Begriffe und Fragen werden auf Blätter geschrieben, die dann in der Klasse die Runde machen.
➥ Ideenpool: Die Ideen werden auf Karten geschrieben und in einem Pool gesammelt. Man kann aus dem Behälter Karten herausnehmen und sich inspirieren lassen.
➥ Metaplan-Methode: Die Ideen-Karten werden vorgelesen, vom Lehrer eingesammelt, an eine Pinnwand geheftet und anschließend geordnet.

Hinweis

➥ Die Ideensammlung ist nicht strukturiert und dient als Grundlage für die weitere Beschäftigung mit dem Thema.
➥ Ein Brainstorming ist z.B. auch für eine gemeinsame Reihenplanung mit den Schülern geeignet.
➥ Übrigens: Auch Humor und verrückte Ideen sind erlaubt!

Message

Rock

HipHop

Abtanzen

Spaß

Punkrock

Techno

Bands

Populäre Musik

Charts

Lebensgefühl

Alkohol

Party

▶▶▶▶ **2. Thematisch motivieren** ◀◀◀◀

 Alter
12–14 Jahre

 Dauer
15 Minuten

 Ziel
➥ Entwickeln von Ideen
➥ Spielerisches Vertrautmachen mit einem Thema
➥ Spaß am Lernen entwickeln

Beschreibung

Es werden zwei Teams gebildet, die gegeneinander antreten sollen. Der Lehrer spielt den Schiedsrichter. Er zeigt den Gruppen einen Begriff. Diese haben je eine Minute Zeit, den Begriff zu entfalten und ihre Ideen und Gedanken dazu zu äußern. Der Lehrer vergibt anschließend einen Punkt an das Team, das seiner Meinung nach den originellsten oder besten Beitrag geboten hat. Die Gruppe, die die meisten Punkte erreicht, gewinnt.

Variante

Falls es sich um unbekannte Themen handelt, kann der Gruppe eine Minute Zeit gegeben werden, sich in einem Fachbuch zu informieren und anschließend das Gelesene möglichst überzeugend und originell zu präsentieren.

Hinweis

Diese Methode ist ein Spiel, eine Art Wettbewerb mit Worten.
Ich habe die Grundgedanken aus der Geschichte des HipHop entnommen:
In den 70er Jahren wurde die Idee entwickelt, dass sich Jugendliche – anstatt auf der Straße in Gangs abzuhängen – lieber mit Worten messen sollen.
Daraus entstand ein kreativer Wettkampf in Form des Sprechgesangs.

Alter
10–16 Jahre

Dauer
15 Minuten

Material
Kiste oder Sack, unterschiedliche Gegenstände

Ziel
➥ Hinführung zu einem Thema
➥ Förderung der Fantasie und Kreativität

Beschreibung

In einer Kiste befinden sich verschiedene Gegenstände, die alle etwas mit dem aktuellen Unterrichtsthema zu tun haben. Die Schüler ergreifen abwechselnd einen Gegenstand, betrachten ihn und erläutern, was er mit dem Thema zu tun haben könnte. Der Lehrer notiert und ergänzt die wichtigsten Anmerkungen.

Variante

Ein Gegenstand wird jeweils in der Klasse weitergegeben und von allen erläutert.

Hinweis

➥ Die Schüler können nach Bekanntgabe des geplanten Themas selbstständig Gegenstände mitbringen.
➥ Die Assoziationen werden in Einzelarbeit auf Blättern notiert und anschließend ausgewertet.

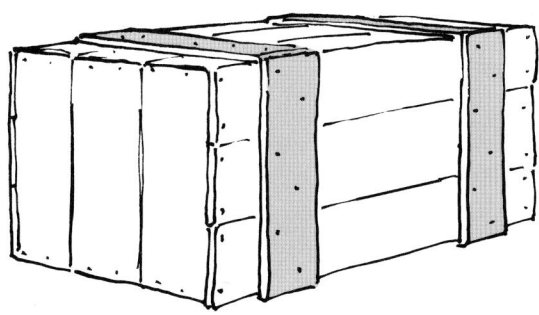

Alter
13–19 Jahre

Dauer
15 Minuten

Material
Vorlage einer Chiffre-Anzeige

Ziel
➥ Eigene Zugänge zum Thema erschließen
➥ Fragen zum Thema stellen

Beschreibung

Mit Hilfe einer Chiffreanzeige sollen die Schüler ausdrücken, welchen Zugang sie zu einem Thema haben und was sie an Vorinformationen mitbringen. Dazu hat der Lehrer eine Vorlage erarbeitet, die die Schüler ausfüllen und anschließend vortragen oder aushängen (siehe Beispiel Seite 71).

Variante

Die Anzeigen werden vom Lehrer eingesammelt und an eine Pinnwand geheftet. Nach und nach werden sie vorgelesen und die Schüler erraten, von wem die Anzeige verfasst wurde.

Hinweis

Der Lehrer sollte den Schülern zuvor verdeutlichen, was die Besonderheiten einer Chiffre-Anzeige sind.

Er/Sie sucht ETWAS

Hilfe!

Suche Infos zu folgendem Thema:
➥ **Ehrenamtliche Tätigkeit**

Biete Erfahrungen auf folgenden Gebieten:
➥ Jugendausschuss im Sportverein
➥ Organisation von Partys und Zeltlagern
➥ Planung von Freizeitaktivitäten

Mein Vorwissen:
➥ Gruppendynamische Prozesse
➥ Peer group
➥ Gesellschaftspolitische Bedeutung des Ehrenamts
➥ Rechtliche Fragen
➥ Versicherungstechnische Fragen

BITTE MELDET EUCH!!!

Kopiervorlage!

© Verlag an der Ruhr • Postfach 10 22 51 • 45422 Mülheim an der Ruhr • www.verlagruhr.de • ISBN 3-8346-0022-9

Alter
13–16 Jahre

 Dauer
15 Minuten

 Ziel
➥ Hinführung zu einem Thema
➥ Wechselnde Kommunikation

Beschreibung

Alle Schüler bewegen sich langsam im Raum. Auf ein Signal des Lehrers sucht sich jeder einen Gesprächspartner in seiner Nähe. Beide unterhalten sich über eine Frage bzw. ein Thema, das der Lehrer bekannt gibt. Nach einer Minute gehen auf ein Signal hin alle Schüler wieder weiter. Bei einem weiteren Signal bilden sich neue Paare, die sich zu einer neuen Fragestellung eine Minute lang unterhalten. Der Vorgang wird einige Male wiederholt.

Variante

➥ Die Paare ziehen aus einem Schuhkarton o.Ä. eine Karte mit einer Frage.
➥ Der Lehrer kann die Zeitvorgabe und die Gruppengröße variieren.
➥ Auch die Art des Fortbewegens kann sich ändern (gehen, laufen, Fuß vor Fuß setzen, rückwärts gehen).
➥ Die Schüler grüßen sich freundlich beim Begegnen.
➥ Das Spiel wird aufgelockert, wenn ab und zu absurde Gesprächsthemen genannt werden.

Hinweis

Wichtig ist der Wechsel zwischen konzentriertem Gehen und intensivem thematischem Gespräch.

Alter
10–19 Jahre

 Dauer
15 Minuten

 Material
Plakate, Stifte, Arbeitsblätter

 Ziel
➡ Auf einen Text hinarbeiten
➡ Begriffe erschließen

Beschreibung

Wenn in der Unterrichtsstunde ein Text im Mittelpunkt steht, ist es sinnvoll, beim Einstieg die wichtigsten Begriffe des Textes in Form einer Assoziationsübung zu erarbeiten. Dazu werden die vom Lehrer vorher ausgesuchten Wörter oder Phrasen auf Plakate geschrieben. Die Schüler betrachten die Begriffe und schreiben spontan auf, was ihnen dazu einfällt. Anschließend liest der Lehrer die Ergebnisse vor. Nun kann der Text ausgeteilt und mit Hilfe der Assoziationen erarbeitet werden.

Variante

Die Begriffe werden auf Blätter geschrieben, die dann in der Klasse die Runde machen.

Hinweis

Die Erarbeitung eines Textes fällt nach der Assoziationsphase leichter, weil viele Unklarheiten bereits beseitigt wurden.

Alter
14–19 Jahre

Dauer
Ca. 15 Minuten

Material
Karikaturen aus Zeitungen und Internet

Ziel
➡ Entwickeln einer Fragestellung
➡ Bildhafte Darstellungen hinterfragen

Beschreibung

Die Schüler erhalten eine Karikatur, die sie zunächst nur betrachten sollen. In einem zweiten Schritt geht es darum, die Grundaussagen der Karikatur herauszuarbeiten. Zuletzt werden aus der Karikatur und der dargestellten Problematik Fragestellungen entwickelt und an der Tafel gesammelt.

Variante

Mehrere vergrößerte Karikaturen werden an der Wand befestigt. Die Schüler bilden Kleingruppen, die sich über die Aussagen der Bilder unterhalten und jeweils eine sich aus der Karikatur ergebende Frage formulieren.

Hinweis

Karikaturen bieten eine gute Einführung in ein Thema, denn sie stellen die jeweilige Problematik in überspitzter Weise dar und eröffnen somit Diskussionsmöglichkeiten. Außerdem können Karikaturen für den Unterricht äußerst belustigend sein.

Alter
10–19 Jahre

 Dauer
Ca. 15 Minuten

 Material
Zettel mit Begriffen zum Thema

 Ziel
➡ Hinführung zu einem Thema
➡ Kreatives Erzählen

Beschreibung

Es werden mehrere Gruppen mit vier bis fünf Schülern gebildet. Jeder Gruppenteilnehmer erhält zehn Zettel, auf denen Begriffe aus dem geplanten Themenbereich stehen. Alle Zettel werden umgedreht und auf dem Tisch ausgebreitet. Nun kann sich jeder Schüler zehn Zettel nehmen. Aus den vorgegebenen Wörtern muss jeder Schüler einen Vortrag für die anderen Gruppenmitglieder zusammenstellen oder eine Geschichte erzählen. Alle Wörter müssen hierbei vorkommen. Jede Gruppe sucht dann die originellste Geschichte aus, die im Plenum vorgetragen wird.

Variante

Die Texte werden nicht erzählt, sondern aufgeschrieben.

Hinweis

Diese Übung kann natürlich auch viele lustige und originelle Vorträge hervorbringen. Einen besseren Einstieg gibt es nicht!

Alter
10–19 Jahre

 Dauer
Ca. 15 Minuten

 Material
Fachbücher

 Ziel
➡ Fachbücher zu einem Thema kennen lernen
➡ Informationen sammeln

Beschreibung

Der Lehrer hat einen Tisch mit Büchern vorbereitet, die Informationen zu dem geplanten Thema beinhalten. Die Schüler können die Bücher in die Hand nehmen, darin blättern, suchen und lesen. Anschließend werden die Ergebnisse der Spurensuche ausgetauscht.

Variante

Die Schüler gehen in eine Bücherei oder Buchhandlung und suchen selbstständig nach Büchern zum vorgegebenen Thema.

Hinweis

➡ Auch im multimedialen Zeitalter sollten junge Menschen mit dem Medium Buch vertraut gemacht werden. Die Methode „Büchertisch" kann zum Lesen und Schmökern anregen.
➡ Nach Absprache mit einer ausleihenden Bücherei können die Bücher vielleicht sogar einige Wochen ausliegen, sodass die Schüler immer wieder Gelegenheit zum Blättern und Lesen haben.

Alter
10–13 Jahre

Dauer
Ca. 15 Minuten

Material
Text, Foto, Skizze

Ziel
➡ Kommunikation verbessern
➡ Inhalte richtig vermitteln

Beschreibung

Für die Übung werden sechs Freiwillige gesucht. Davon verlassen fünf den Raum. Der Lehrer liest nun einen Text vor. Die Schüler hören genau hin und merken sich die Details. Ein Schüler wird hereingerufen und der zurückgebliebene Schüler gibt den Inhalt des Textes wieder. Der Zuhörende kann auch nachfragen. Die anderen Schüler werden nacheinander hereingerufen, um vom Vorgänger über den Inhalt des Textes informiert zu werden. Nachdem der letzte Schüler den Inhalt des Textes der ganzen Klasse erläutert hat, erhalten alle den Originaltext. Dieser wird dann vorgelesen. Das Plenum unterhält sich über die Informationsweitergabe. Dabei können folgende Fragen berücksichtigt werden:
• Was ist an Informationen noch übrig geblieben?
• An welchen Stellen wurde der Inhalt verfälscht oder wichtige Details ausgelassen?

Variante

Die Übung lässt sich auch mit einer Skizze oder einer Grafik durchführen.

Hinweis

Obwohl Teile des Textes sicherlich ausgelassen oder verfälscht werden, werden die Schüler dennoch mit dem Inhalt effektiv vertraut gemacht. Denn das Aufdecken der Fehler erhöht die Merkfähigkeit der Fakten.

Alter
10–12 Jahre

 Dauer
Ca. 15 Minuten

 Material
Arbeitsblatt, Pinnwand

 Ziel
Basisinformationen erarbeiten

Beschreibung

Die Schüler bearbeiten einen kurzen Text, der wesentliche Informationen zu einem Thema enthält, indem sie die wichtigsten Begriffe markieren (siehe unten). Wenn alle Schüler den Text gelesen haben, erarbeiten sie die Begriffe zusammen mit dem Lehrer an einer Pinnwand. Hierbei geht es um die wesentlichen Verständnisfragen zum Text.

Beispiel „Markierungsmöglichkeiten":
- Überstreichen mit Textmarker
- Randnotizen
- ! = Das halte ich für wichtig.
- ? = Das verstehe ich nicht.

Variante

Die Schüler beantworten vorgegebene Fragen.

Hinweis

➡ Im Unterschied zum Impulsreferat erarbeiten die Schüler selbstständig die Basisinformationen zum Thema und bestimmen selbst ihr Arbeitstempo.

➡ Durch das Lesen und Markieren prägen sich die Schüler die wichtigsten Begriffe ein. Das erleichtert die weitere Arbeit am Thema.

Alter
10–19 Jahre

Dauer
Ca. 15 Minuten

Ziel
➡ Richtig zuhören
➡ Gedanken und Gefühle nachvollziehen

Beschreibung

Der Lehrer gibt eine Fragestellung vor, zu der sich je zwei Schüler (A, B) unterhalten sollen. Eine dritte Person (C) soll dabei zuhören und das Gespräch beobachten. A beginnt mit einer Aussage, die B dann sinngemäß wiederholen muss („Du bist also der Meinung, dass ..."). Wenn das der Fall ist, bestätigt A dies („Richtig!"). Wenn die Wiedergabe nicht stimmt, muss B es so lange versuchen, bis A einverstanden ist. Nun bezieht B Position und A wiederholt die Aussage usw.
C beobachtet den Verlauf des Gespräches und notiert Besonderheiten, die ihm aufgefallen sind. Am Schluss wird das Gespräch reflektiert. Anschließend kann die Diskussion zur selben Fragestellung im Plenum beginnen.

Variante

Die Übung wird in Kleingruppen mit vier bis sechs Schülern durchgeführt.

Hinweis

Bei dieser Übung geht es besonders darum, genau hinzuhören, was ein Gesprächspartner sagt. Sie bietet eine gute Einführung in die Techniken einer kontrovers geführten Diskussion, in der viele unterschiedliche Positionen aufeinander prallen.

Alter
10–19 Jahre

 Dauer
Ca. 15 Minuten

 Material
Bildkartei

 Ziel
➥ Einstieg in ein Thema
➥ Gesprächsmotivation

Beschreibung

Der Lehrer legt eine Vielzahl an Bildern aus. Die Schüler sollen wie bei einer Ausstellung an den Bildern vorbeigehen, sie genau betrachten und ein Bild aussuchen. Die Auswahl erfolgt dabei nach einer bestimmten Fragestellung. Anschließend stellt jeder Schüler in höchstens drei Sätzen sein Bild und was er damit verbindet vor. Die Beiträge der Schüler werden nicht kommentiert oder diskutiert.

Variante

➥ Die Bilder können auch in Kleingruppen vorgestellt werden.
➥ Zwei bzw. drei Schüler müssen sich gemeinsam auf ein Bild einigen, sprechen kurz darüber und stellen es dann den anderen vor.
➥ Der Lehrer trifft selbst eine Auswahl an Bildern, die er nacheinander zeigt oder auslegt. Die Schüler sollen eine Gemeinsamkeit zwischen den Bildern finden, die auf ein Thema hinweist.
➥ Mehrere Schüler setzen sich zusammen und erfinden zu ihren Bildern eine Geschichte.

Hinweis

Eine Bildkartei kann man sich aus Zeitungen und Zeitschriften selbst zusammen-stellen und so bei jeder passenden Gelegenheit einsetzen.

Lügen 60

Alter
10–19 Jahre

Dauer
Ca. 15 Minuten

Material
Arbeitsblatt, Fachbücher

Ziel
Wahre und erfundene Informationen unterscheiden

Beschreibung

Der Lehrer verteilt ein Arbeitsblatt mit einem einleitenden Text zu einem Thema. Hier werden viele interessante Einzelheiten genannt, die jedoch nicht alle der Wahrheit entsprechen. Manche angeblichen Fakten sind übertrieben und falsch dargestellt. Aufgabe der Schüler ist es, die wahren von den falschen, die richtigen von den erfundenen Behauptungen zu unterscheiden. Dabei muss den Schülern eine Informationsquelle zum Nachschlagen vorliegen (z.B. Schulbuch, andere Fachbücher, Internet). Nach der Erarbeitungsphase werden die Lösungen besprochen.

Variante

Der Lehrer liest den Text langsam vor. Die Schüler sollen ohne Informationsquelle erraten, welche Behauptungen richtig oder falsch sind.

Hinweis

Diese Übung eignet sich besonders gut, wenn es um Zahlen und Fakten geht.

Alter
10–19 Jahre

 Dauer
Ca. 15 Minuten

 Material
CD-Player, Liedtext

 Ziel
Hinführung zu einem Thema mit Musik

Beschreibung

In den Charts gibt es viele Musiker oder Bands, die sich in ihren Songs mit bestimmten Themen auseinander setzen. Der Lehrer präsentiert ein Lied und verteilt dazu den Liedtext. Die Schüler sollen den Text beim Hören der Musik mitlesen und die wichtigsten Aussagen kennzeichnen. Anschließend werden die Eindrücke gesammelt.

Variante

➥ Der Lehrer gibt bestimmte Fragestellungen vor, die die Schüler beantworten sollen. Zum Beispiel:
  • Welches Thema wird in dem Lied angesprochen?
  • Welche Position vertritt der Interpret?
  • Wie wird das Thema musikalisch aufgearbeitet?
  • Welche Gefühle ruft das Lied bei mir hervor?
➥ Es werden zwei Titel mit unterschiedlichen Standpunkten vorgestellt.

Hinweis

➥ Bei manchen Liedern wäre es schade, sie nur als „Input" zu benutzen. Sie können im Laufe einer Unterrichtseinheit immer wieder eingesetzt werden.
➥ Im Internet lassen sich mittlerweile fast alle Liedtexte finden (Schlüsselbegriffe: Interpret, lyrics).
➥ Beim Thema populäre Musik sind die Schüler die Experten. Sie können sicher interessante Musikbeispiele zu vielen Themenbereichen liefern.
➥ Denken Sie daran: Musik ist Geschmackssache!

Internetrecherche 62

 Alter
10–19 Jahre

 Dauer
Ca. 15 Minuten

 Material
Arbeitsblatt, Computer mit Internetzugang

 Ziel
➡ Zielgerichtete und effektive Recherche im Internet
➡ Suchstrategien einüben
➡ Gute von schlechten Informationsquellen unterscheiden lernen

Beschreibung

Die Schüler sollen in der Informationswüste des Internets Informationsquellen
zu einem vorgegebenen Thema suchen und die wichtigsten Ergebnisse
auf einem Arbeitsblatt (siehe Seite 84) festhalten.

Variante

Die Schüler recherchieren zu Hause und präsentieren die Ergebnisse
am Beginn der nächsten Unterrichtsstunde.

Hinweis

➡ Der Lehrer sollte zunächst eine kurze Einführung in die Handhabung einer
Suchmaschine (z.B. Google) geben. Dabei muss vor allem die Eingabe
und Verwendung der richtigen Schlüsselbegriffe trainiert werden.
➡ Die Präsentation der Ergebnisse liefert wichtige Impulse für die Weiterarbeit
am Thema.

Internet: Suchprotokoll

Gesucht hat: _____

_____

Thema: _____

_____

Fragestellung für die Recherche: _____

_____

Suchbegriff: _____

Internetadresse: _____

Inhaber der Webseite: _____

Kurzbeschreibung des Inhalts: _____

_____

_____

Suchbegriff: _____

Internetadresse: _____

Inhaber der Webseite: _____

Kurzbeschreibung des Inhalts: _____

_____

_____

Kopiervorlage!

© Verlag an der Ruhr • Postfach 10 22 51 • 45422 Mülheim an der Ruhr • www.verlagruhr.de • ISBN 3-8346-0022-9

Alter
12–19 Jahre

Dauer
Ca. 15 Minuten

Material
Plakate, Stifte

Ziel
➥ Motivation durch Provokation
➥ Hinführung zu einem Thema
➥ Überprüfen der eigenen Position

Beschreibung

Der Lehrer schreibt auf mehrere Plakate provozierende Aussagen, die zu einer Antwort bzw. Gegenrede auffordern. Die Schüler werden gebeten, diese Provokationen schriftlich zu bewerten und eine Gegenthese zu formulieren. Anschließend stellt sich der Lehrer vor das jeweilige Plakat und erläutert in einer herausfordernden Rede die entsprechende These. Hiernach sind die Gegenredner aufgefordert, sich nach und nach zum Plakat zu begeben und ihre Gegenpositionen zu präsentieren. Ein Zeitlimit sollte vorgegeben werden.

Beispiel:
• „Alle Menschen ohne Arbeit sollten zu einem Arbeitsdienst verpflichtet werden."
• „Alle Menschen, die Abfall achtlos wegwerfen, sollten hart bestraft werden."

Variante

Die Übung wird nicht schriftlich, sondern nur mündlich durchgeführt.

Hinweis

➥ Die Anfangsthese sollte so provozierend und herausfordernd sein, dass sofort Unruhe in der Klasse entsteht.
➥ Die Methode ist besonders für Themen geeignet, die kontrovers diskutiert werden können. Im Verlauf der Methode selbst darf jedoch nicht diskutiert werden. Die Schüler sollen lediglich kurz ihre eigene Position vertreten.

▶▶▶▶ 2. Thematisch motivieren ◀◀◀◀

 Alter
14–19 Jahre

Dauer
Ca. 15 Minuten

 Ziel
➡ Fähigkeiten und Wissen erfragen
➡ Gezielte Beantwortung von Fragen trainieren

Beschreibung

Der Lehrer schreibt das Thema der Unterrichtsstunde an die Tafel. Danach stellt er jedem Schüler Fragen, die sein Wissen und seine Ideen, aber auch Erfahrungen und Widerstände hervorbringen sollen. Dabei sind Antworten wie „Ich weiß nicht!", „Ja" oder „Nein" verboten. Auf diese Weise entfaltet sich nach und nach das Wissen der Lerngruppe und kann zusammenfassend an der Tafel notiert werden.

Variante

Wenn die Schüler mit der Methode vertraut sind, kann die Frage- und Antwortrunde auch in Kleingruppen durchgeführt werden.

Hinweis

➡ Die Hebammen-Methode (Mäeutik) stammt von Sokrates, der durch gezielte Fragen und Antworten seine Schüler zu ihrem in ihnen verborgenen Wissen führen wollte (vergleichbar mit der Kunst der Geburtshilfe).
➡ Der Lehrer und seine Fragetechnik sind bei dieser Methode sehr dominant. Er ist derjenige, der etwas genau wissen will und in seinem Wissensdurst keine Ruhe lässt. Dabei wird schnell deutlich, dass die Gruppe zusammen mehr weiß als der Einzelne.

Träumer-Planer-Reflektor

 Alter
14–19 Jahre

 Dauer
15–20 Minuten

 Ziel
Lösen von Problemen aus verschiedenen Betrachtungsweisen

Beschreibung

Der berühmte Zeichentrickfilmer Walt Disney hatte in seinem Büro drei verschiedene Sessel: einen zum Träumen, einen zum Planen und einen zum kritischen Reflektieren. Diese Idee wurde für die folgende Methode aufgegriffen.
Der Lehrer gibt das Thema bzw. die Fragestellung der Unterrichtsstunde vor.
Drei Schüler erörtern das Problem spontan aus der Sichtweise der folgenden drei Positionen: Träumer (Visionär, Ideenproduzent), Realist (Macher) und Kritiker (Fragensteller). Sie setzen sich hierfür auf drei Stühle.

Beispiel:
Es geht um die Frage, wie die Verantwortung der Menschen für die Schöpfung aussehen könnte: Der Träumer hofft, dass die Menschen sich eines Tages ihrer Verantwortung bewusst werden. Der Kritiker verweist auf die Ausbeutung der Schöpfung durch die Menschen. Der Realist sieht die kranke und zerstörte Schöpfung.

Variante

➥ Die einzelnen Spieler werden vom Publikum befragt.
➥ Die Rollen werden zusammen mit der Fragestellung zu Hause vorbereitet.
➥ Die Rollenspieler können ausgetauscht werden.

Hinweis

Ursprünglich stammt diese Methode aus dem Bereich der NLP (Neuro-Linguistische-Programmierung). Sie verdeutlicht vor allem das Zusammenspiel von unterschiedlichen Persönlichkeitsanteilen, die kreative Leistungen möglich machen.

▶ ▶ ▶ ▶ 2. Thematisch motivieren ◀ ◀ ◀ ◀

 Alter
13–19 Jahre

 Dauer
15–20 Minuten

 Ziel
➡ Unterschiedliche Sichtweisen kennen lernen
➡ Ideen entwickeln und diskutieren
➡ Motivation und Aktivierung aller Schüler
➡ Fördern der Kommunikation

Beschreibung

Es werden zwei Kreise gebildet, ein Innen- und ein Außenkreis. Der Lehrer gibt ein Thema bzw. eine Fragestellung vor. Jeder Schüler diskutiert mit seinem Gegenüber das Thema in einer vorgegebenen Zeit (Zweiergespräch). Dann rückt der Außenkreis einen Platz nach rechts und das Gespräch beginnt mit dem neuen Gesprächspartner. Der Kreis dreht sich so lange, bis alle Außen- und Innenkreisteilnehmer miteinander gesprochen haben. Die Inhalte der Gespräche können im weiteren Unterrichtsverlauf aufgegriffen werden.

Variante

➡ Es können auch drei Kreise gebildet werden, sodass Dreiergespräche entstehen. Die Drehung muss hierbei aber angepasst werden.
➡ Mit dieser Methode können auch Hausaufgaben ausgetauscht, Lerninhalte vertieft oder Meinungen sowie Befindlichkeiten geäußert werden.
➡ Die Teilnehmer des Innenkreises reden, die Außenkreispersonen hören zu (oder umgekehrt) und wiederholen das Gesagte.

Hinweis

➡ Die Übung kann im Stehen oder Sitzen durchgeführt werden.
➡ Die Zeitvorgabe ist verpflichtend. Der Wechsel des Gesprächspartners wird durch ein deutliches Signal angezeigt.

Alter
10–19 Jahre

Dauer
Ca. 15–20 Minuten

Material
Arbeitsblätter

Ziel
➡ Gemeinsame Unterrichtsplanung
➡ Einen Überblick verschaffen
➡ Hinführung zum Themenbereich

Beschreibung

Die Schüler erhalten auf einem Arbeitsblatt einen Überblick über die zu bearbeitenden Fragen und Themen. Diese sind auf einer Liste angeordnet. In Kleingruppen soll eine Rangfolge erstellt werden. Die Gruppen präsentieren diese nach einer kurzen Arbeitsphase und begründen dabei kurz ihre Entscheidungen. Das Ranking der Gruppen wird notiert, um abschließend eine Klassenrangfolge zu entwickeln.

Variante

➡ Es kann zunächst eine persönliche Rangfolge, dann eine Gruppen- und schließlich eine Klassenprioritätenliste erstellt werden.
➡ Die Liste wird über eine Punktvergabe erstellt. Dabei hat jeder Schüler eine bestimmte Anzahl von Punkten zur Verfügung, die er verteilen kann.

Hinweis

➡ Für die Motivation und den Lernerfolg der Schüler ist es wichtig, sie in die Unterrichtsplanung mit einzubeziehen.
➡ Schwierig wird diese Methode, wenn die Schüler zu wenig Vorinformationen über das Thema haben.

▶▶▶▶ **2. Thematisch motivieren** ◀◀◀◀

 Alter
10–19 Jahre

 Dauer
15–20 Minuten

 Material
Ein DIN-A3-Blatt für jeden Schüler, Stifte

 Ziel
➡ Entwickeln eigener Ideen
➡ Auseinandersetzung mit anderen Ideen

Beschreibung

An den Wänden werden große DIN-A3-Blätter befestigt, auf denen ein Thema bzw. eine Problemstellung formuliert ist. Jeder Schüler hat ein Blatt zur Verfügung und notiert einen Beitrag zum Thema bzw. eine Lösung des Problems. Nach einer Minute wechseln die Schüler zum nächsten Blatt. Sie lesen das Geschriebene und können darauf reagieren.

Nachdem die Runde vervollständigt ist, kommt es zu einer Art Vernissage, bei der alle Ergebnisse gemeinsam angeschaut werden können. In einer anschließenden Diskussion werden die Beiträge kommentiert und bewertet.

Variante

Die Blätter können über einen längeren Zeitraum im Klassenraum hängen und nach und nach beschriftet werden.

Hinweis
➡ Bei einer großen Lerngruppe müssen nicht alle Schüler etwas auf jedes Blatt schreiben.
➡ Die Schüler werden angeleitet, die Texte genau zu lesen und kurze, prägnante Formulierungen zu verwenden.

Alter
12–19 Jahre

Dauer
Ca. 20 Minuten

Ziel
➥ Problemlösungen suchen
➥ Kompromisse schließen

Beschreibung

Der Lehrer gibt eine Fragestellung vor, zu der eine Lösung erarbeitet werden soll. Dabei führt er kurz in die Problematik ein. Jeder Schüler sucht zunächst allein nach einer Lösungsmöglichkeit. Anschließend stellt er seinem Banknachbarn diese vor und beide verhandeln, um sich auf eine gemeinsame Lösung zu einigen. Hiernach verfahren zwei Zweiergruppen in derselben Weise. Am Schluss stellen zwei Gruppen dem Plenum ihre Lösungen vor und verhandeln über einen Kompromiss.

Beispiel:
• Welche verpflichtenden Maßnahmen sollten ergriffen werden,
  um den Umweltschutz zu fördern?
• Wie wird das folgende Wort richtig geschrieben. Begründe deine Position!

Variante

In jeder Gruppe gibt es einen Beobachter, der den Verlauf der Verhandlung und Besonderheiten notiert. Diese werden am Schluss erläutert, um über effektive Gesprächsregeln zu diskutieren.

Hinweis

➥ Bei dieser einführenden Übung geht es darum, Lösungen zu finden und Kompromisse auszuhandeln. Es werden sicherlich viele Gesichtspunkte genannt, die in einer sich anschließenden Runde nochmals diskutiert werden können.
➥ Die Verhandlungsrunden sollten zeitlich begrenzt werden.

Alter
10 – 13 Jahre

 Dauer
Ca. 20 Minuten

 Material
Plakate, Stifte

 Ziel
➥ Fantasie entwickeln
➥ Kreative Ideensammlung

Beschreibung

Am Anfang steht eine erdachte Fragestellung, die unrealistisch und verrückt klingt („Was können wir machen, damit in jeder Unterrichtsstunde nur noch gelacht wird?", „Wie bringen wir es fertig, ein 100-seitiges Buch in zehn Minuten zu lesen?"). Alle Problemlösungen werden auf ein Plakat notiert. Nach fünf Minuten stellen die Schüler ihre Ideen vor und erläutern sie. Nun wird ein reales Problem vorgestellt. Kann hier die ein oder andere Idee aus der ersten Übung verwendet werden?

Variante

Die Schüler erarbeiten in Kleingruppen zu dem gestellten Problem Lösungen und treten so in einen kreativen Wettbewerb.

Hinweis

Bei dieser Methode soll eine kreative Verknüpfung zwischen dem verrückten und dem realen Problem stattfinden. Vor allem eingefahrene Denkstrukturen können so gelöst und kreative Ressourcen freigesetzt werden. Und der Spaß ist ebenfalls garantiert!

Produktive Unterrichtseinstiege

Alter
10–19 Jahre

Dauer
20 Minuten

Material
Thematisch zuzuordnende Materialien

Ziel
➥ Zusammenhänge erkennen
➥ Einführung in ein Thema

Beschreibung

Im Raum sind viele Materialien (Gegenstände, Arbeitsblätter, Texte, Folien, Bilder, Diagramme u.a.) verteilt. Der Lehrer hat vier bis sechs Themenschwerpunkte auf Plakaten notiert, die auf Tischen ausliegen. Die Schüler haben die Aufgabe, die Materialien den jeweiligen Themen zuzuordnen. Diskussionen ergeben sich vor allem dann, wenn die Zuordnung nicht eindeutig ist. Am Schluss werden die Themen mit den entsprechenden Materialien besprochen. Fehler sollen dabei korrigiert und erläutert werden.

Variante

➥ Jeweils eine Gruppe ist für einen Themenbereich zuständig.
➥ Die Schüler bringen ebenfalls Materialien mit, sodass mit Sicherheit auch viele „Nieten" auftauchen.

Hinweis

Die Methode bietet dem Lehrer die Möglichkeit, seinen eigenen Materialfundus zu überprüfen und zu ergänzen.

▶▶▶▶ 2. Thematisch motivieren ◀◀◀◀

 Alter
14–19 Jahre

 Dauer
20 Minuten

 Ziel
➡ Hinführung zum Thema
➡ Fördern der Kommunikation
➡ Sammeln von Argumenten

Beschreibung

Die Schüler nähern sich in immer größer werdenden Gruppen einem Thema. Zunächst werden dabei Zweiergruppen gebildet, die sich über eine Fragestellung unterhalten. Sie diskutieren zwei Minuten miteinander. Dann sucht jedes Paar ein zweites Paar und bildet Vierergruppen. Alle Gruppen sprechen nun vier Minuten über das vorgegebene Thema. Danach schließen sich jeweils zwei Vierergruppen zusammen und bilden Achtergruppen. Am Schluss kommen alle im Plenum zusammen.

Variante

➡ Aus den Gruppen werden jeweils Fragen in die neuen Gesprächsrunden eingebracht.
➡ Das Spiel lässt sich auch in umgekehrter Reihenfolge durchführen. Die Gruppen werden also immer kleiner, bis am Schluss jeder einzeln das Thema bearbeitet.

Hinweis

Bei der Aufteilung der Gruppen ist die Gesamtschülerzahl zu beachten.

Alter
10–19 Jahre

 Dauer
20 Minuten

 Material
Texte, Bilder, Filme, Gegenstände usw.

 Ziel
➥ Interesse an einem Thema wecken
➥ Einführende Informationen sammeln

Beschreibung

Auf Tischen und Stellwänden, in Filmen, Bildern und Collagen werden Informationen zu einem Thema geboten. Die Schüler können den „Markt der Möglichkeiten" begehen und einführende Informationen sammeln. Nach der Begehung bekommen sie die Möglichkeit, Fragen zu stellen, die sie besonders interessieren, sowie Erkenntnisse zu benennen, von denen sie beeindruckt sind oder über die sie mehr erfahren wollen.

Variante

Die Schüler bringen Materialien mit, die ihrer Meinung nach zum Thema gehören, und stellen den „Markt der Möglichkeiten" selbstständig zusammen.

Hinweis

➥ Der Lehrer muss im Vorfeld verschiedenartige Informationen sammeln, die er den Schülern präsentieren kann.
➥ Die Informationstexte sollten möglichst kurz sein.
➥ Der „Markt der Möglichkeiten" kann während der Behandlung des Themas nach und nach erweitert werden.

▶ ▶ ▶ ▶ **2. Thematisch motivieren** ◀ ◀ ◀ ◀

Alter
10–16 Jahre

Dauer
Ca. 20 Minuten

Material
Plakate, Buntstifte

Ziel
➡ Visualisierung eines Themas
➡ Teamarbeit

Beschreibung

Der Lehrer beschreibt kurz das Thema, das im Mittelpunkt der folgenden Stunde steht. Die Schüler teilen sich in mehrere Gruppen auf. Jede Gruppe erhält ein DIN-A3-Blatt Papier. Darauf sollen sie spontan ein gemeinsames Bild zum vorgegebenen Thema entwerfen. Jede Gruppe stellt ihr Bild anschließend dem Plenum vor.

Variante

➡ Die Schüler ergänzen und vervollständigen den Ausschnitt eines Bildes.
➡ Auf einer großen Wandfläche (ca. 4 x 2 m) sollen die Schüler gemeinsam ein Bild zu einem Thema erarbeiten.

Hinweis

➡ Malen stößt bei vielen Jugendlichen auf Widerstand, deshalb sollte die Motivation der Schüler für diese Methode aufgebaut werden.
➡ Falls es Vorkenntnisse mit Graffitis gibt, können die Bilder auch gesprayt werden.

Alter
10–19 Jahre

 Dauer
Ca. 20 Minuten

 Material
Plakat, Stifte, rote und grüne Karten

 Ziel
Wissen und Kompetenzen austauschen

Beschreibung

Der Lehrer schreibt das Unterrichtsthema an die Tafel. Auf einem großen Plakat werden drei Spalten mit den Oberbegriffen „Umsätze", „Gesuche" und „Gebote" gemalt. Jeder Schüler erhält jeweils zwei rote und zwei grüne Karten. Auf den grünen Karten steht „Ich suche ..." und auf den roten „Ich biete ...". Auch der Name ist darauf notiert. Auf die roten Karten schreiben die Schüler, zu welcher Frage bzw. welchem Thema sie Wissen und Erfahrung mitbringen; auf die grünen, zu welcher Fragestellung sie Informationen suchen. Nun beginnt die Tauschbörse. Alle gehen in der Klasse herum und zeigen ihre Karten. Wird zu einer Gebotskarte eine passende Gesuchkarte (oder umgekehrt) gefunden, unterhalten sich die beiden Schüler über das jeweilige Thema. Danach gehen sie weiter. Nach einer vorgegebenen Zeit wird die Tauschaktion beendet. Die erledigten Tauschaktionen werden an das Plakat „Umsätze" geheftet. Nicht erledigte Gebote und Gesuche werden ebenfalls in der jeweiligen Spalte angebracht.

Variante

Die Methode kann auch gut am Ende einer Unterrichtssequenz oder -reihe eingesetzt werden, um das erworbene Wissen auszutauschen und Lernlücken zu schließen.

Hinweis

Die Tauschaktion kann mit den restlichen Karten in einer folgenden Unterrichtsstunde fortgeführt werden.

▶▶▶▶ 2. Thematisch motivieren ◀◀◀◀

 Alter
10–19 Jahre

 Dauer
Ca. 20 Minuten

 Material
Karten, Plakate oder Seil mit Klammern

 Ziel
Sensibilisierung für ein Thema

Beschreibung

Der Lehrer gibt auf Karten unterschiedliche Satzanfänge vor. Jeder Schüler formuliert die Sätze zu Ende. Die Karten werden eingesammelt und an einer Wandzeitung oder Wäscheleine präsentiert. Alle schauen sich die Ergebnisse an und jeder Schüler trägt einen Satz vor, der ihm besonders wichtig erscheint.

Variante

Die Satzanfänge können auch auf Plakaten stehen (siehe Seite 99).

Hinweis

➡ Es sollten nicht zu viele Satzanfänge ausgewählt werden.
➡ Die Sätze bilden die Grundlage für die weitere Erarbeitung des Themas.

Wir haben den Roman **„Der Club der toten Dichter"** gelesen. Schreibt die folgenden Satzanfänge zu Ende:

„Carpe diem" bedeutet für mich, …

_____

_____

_____

Wenn ich einen Lehrer wie John Keating hätte, …

_____

_____

_____

Neils Tod hätte verhindert werden können, wenn …

_____

_____

_____

Die Prinzipien Tradition, Ehre, Disziplin und Leistung halte ich für …

_____

_____

_____

Die eigentliche Botschaft des Romans ist …

_____

_____

© Verlag an der Ruhr • Postfach 10 22 51 • 45422 Mülheim an der Ruhr • www.verlagruhr.de • ISBN 3-8346-0022-9

Kopiervorlage!

Alter
14–19 Jahre

Dauer
Ca. 20 Minuten

Material
Flipchart, Stifte

Ziel
➡ Vertiefte Problembeschreibung
➡ Lösungsstrategien entwickeln

Beschreibung

Der Lehrer nennt eine Problemstellung. Die Schüler sollen das Problem genauer analysieren und vertiefen. Dazu benutzen sie folgende Leitfragen:
• Wie äußert sich das Problem?
• Was ist die Ursache?
• Was kann getan werden?

Die einzelnen Schritte werden in Kleingruppen bearbeitet und anschließend auf einem Flipchart notiert.

Hinweis

Diese Methode will die Schüler zu einer möglichst exakten Darstellung und Bearbeitung eines Problems anleiten. Auf die Ergebnisse kann immer wieder ergänzend zurückgegriffen werden.

Alter
10–16 Jahre

Dauer
Ca. 20 Minuten

Material
Pinnwand, Nadeln, Karten, Stifte

Ziel
Ideen sammeln

Beschreibung

Die Klasse wird in Kleingruppen eingeteilt. Jede Gruppe besteht aus vier bis sechs Schülern. Der Lehrer formuliert eine Frage. Die Gruppen sollen nun auf vorbereiteten Karten (jede Gruppe hat eine andere Farbe) möglichst viele Ideen zur Fragestellung sammeln. Pro Karte darf eine Idee notiert werden. Hat eine Gruppe zehn Karten fertig, ist die erste Runde beendet und alle Karten werden eingesammelt. Die erste Gruppe stellt ihre Ideen an einer Pinnwand vor. Dabei werden Punkte verteilt:
• 2 Punkte für die schnellste Gruppe
• 1 Punkt für jede akzeptierte Idee
• 0 Punkte für eine unsinnige Idee
• 1 Punkt Abzug bei Doppelnennung

Die Gesamtpunktzahl der Gruppe wird notiert und die nächste Gruppe beginnt mit der Vorstellung ihrer Ideen. Am Schluss werden alle Punkte zusammengezählt und der Sieger ermittelt.

Hinweis

Bei dieser Methode entstehen innerhalb kürzester Zeit viele Ideen, die anschließend strukturiert und bearbeitet werden können.

Alter
12–19 Jahre

 Dauer
20–25 Minuten

 Ziel
Ideenfindung unter veränderten Vorzeichen

Beschreibung

Die Schüler erhalten im Freien (nicht im Klassenraum) eine bestimmte Aufgabenstellung. Zwei Schüler versuchen bei einem gemeinsamen Spaziergang Ideen zu sammeln. Bei der Rückkehr in den Klassenraum können diese an der Tafel oder einem Flipchart notiert werden.

Variante

➡ Das Brainwalking kann in Form einer Erkundung stattfinden. Die Schüler erhalten bestimmte Beobachtungsaufgaben, deren Lösung sie auf einem Arbeitsblatt notieren.
➡ Wenn die Temperaturen es zulassen, können z.B. auch Impulsfragen von Kleingruppen, die sich im Freien zusammensetzen, beantwortet werden.
➡ Erlebnispädagogische Übungen können sich an diese Methode anschließen.

Hinweis

➡ Bewegung, Sauerstoffzufuhr und Abwechslung im Unterrichtsalltag können ganz neue Motivationsschübe erzeugen.
➡ Man geht heute davon aus, dass Bewegung die Leistung des Gehirns um etwa 20 Prozent steigert.
➡ Die Schüler sollten sich innerhalb eines festgelegten Zeitraums auf dem Schulgelände bewegen.

Alter
12–19 Jahre

Dauer
20–25 Minuten

Ziel
➥ Kontroverse Diskussion zu einem Thema
➥ Einüben von Gesprächsregeln
➥ Hinführung zu einem Thema

Beschreibung

Der Lehrer benennt ein Thema und formuliert dazu eine These oder Fragestellung. Vier Schüler setzen sich in einen Kreis in die Mitte des Raumes. Die anderen Schüler bilden einen Außenkreis. Nun beginnen die Innenkreis-Teilnehmer mit der Diskussion zu dem genannten Thema. Ein Stuhl im Innenkreis bleibt frei, auf den sich eine Person aus dem Außenkreis jederzeit setzen kann, um so neue Aspekte in die Diskussion einzubringen. Die Person aus dem Außenkreis darf dabei ohne Wortmeldung sofort mit seinem Redebeitrag beginnen. Danach setzt sie sich wieder in den Außenkreis.

Variante

➥ Der Innenkreis kann nach einer begrenzten Zeit komplett ausgetauscht werden.
➥ Es bleibt kein Stuhl frei und ein Teilnehmer aus dem Außenkreis kann einen Platz im Innenkreis einnehmen.
➥ Teilnehmer aus dem Außenkreis können Beobachtungsaufgaben übernehmen.
➥ Die Schüler im Innenkreis erhalten spezielle Rollenzuweisungen.

Hinweis

➥ Durch die begrenzte Anzahl der diskutierenden Schüler kann das Gespräch effektiver und abwechslungsreicher werden als in der Großgruppe.
➥ Es wird nur im Innenkreis diskutiert.

▶▶▶▶ 2. Thematisch motivieren ◀◀◀◀

 Alter
10–19 Jahre

 Dauer
Ca. 20–25 Minuten

 Ziel
➡ Einfühlen in bestimmte Situationen, Gefühle und Haltungen
➡ Denken in Bildern

Beschreibung

Es wird in mehreren Gruppen gearbeitet. Die Gruppen erhalten entweder ein gemeinsames Thema oder unterschiedliche Themen. Diese sollen mit Hilfe von Standbildern ausgedrückt werden. Einige Gruppenmitglieder sind Erbauer, andere die Darsteller, die sich wie Gummipuppen formen lassen. Alle Gruppen präsentieren abschließend ihre Kunstwerke. Der Lehrer verdeutlicht den Bezug zum aktuellen Thema.

Beispiel:
• Was bedeuten Vorurteile?
• Gute und schlechte Kommunikation
• Die Entwicklung des Menschen
• Interpretation eines Textes, Liedes oder Bildes

Variante

➡ Die Standbilder werden in ein „Schaufenster" gestellt und alle Schüler machen zunächst einen „Schaufensterbummel".
➡ Während der Bauphase wird nicht gesprochen.

Hinweis

➡ Mit Standbildern lassen sich Gefühle, Stimmungen, soziale Erfahrungen und Haltungen körperlich-sinnlich (Gestik, Mimik, Körperhaltung) ausdrücken. Auch Beziehungen (z.B. Konflikte) können sehr gut verdeutlicht werden.
➡ Um die Standbilder festzuhalten und immer wieder Bezug darauf nehmen zu können, werden sie fotografiert und in vergrößerter Form ausgehängt.

Alter
14–19 Jahre

 Dauer
20–25 Minuten

 Material
Karten, Stifte, Pinnwand oder Flipchart

 Ziel
➡ Provokative Ideensuche
➡ Gemeinsame Problemformulierung
➡ Neue Sichtweisen entwickeln
➡ Den Standpunkt verändern

Beschreibung

Bei dieser Methode wird zunächst ein Problem oder eine Fragestellung formuliert. Anschließend wird diese auf den Kopf gestellt, also ins Gegenteil verkehrt, um so zu einer Lösung zu kommen.
Der Lehrer teilt Karten aus, auf denen die Schüler Fragestellungen zum Thema formulieren. Die Karten werden hiernach an eine Pinnwand geheftet.
Die Schüler formulieren die Fragestellungen anschließend ins Gegenteil um.
Zur Umkehrung wird nun in Form eines Brainstormings eine Lösung gesucht, die dann wiederum zur Lösung der ursprünglichen Fragestellung führen soll.

Beispiel:
„Welche Methode ist sinnvoll, um das gesteckte Ziel zu erreichen?"
Umkehrung: „Welche Methode ist total ungeeignet, um zu einer Lösung zu gelangen?"

Variante

Der Lehrer gibt die Fragen vor und die Schüler formulieren diese um.

Hinweis

➡ Die Fragestellung muss eindeutig und klar formuliert sein, um sie ins Gegenteil umwandeln zu können.
➡ Die Anzahl der Fragestellungen sollte nicht zu umfangreich sein.

▶ ▶ ▶ ▶ 2. Thematisch motivieren ◀ ◀ ◀ ◀

Alter
12–19 Jahre

Dauer
25 Minuten

Ziel
➤ Argumente und Gegenargumente zu einem Thema sammeln
➤ Eigene Positionen entwickeln
➤ Verschiedene Standpunkte einnehmen

Beschreibung

Das Thema einer Unterrichtsstunde oder Unterrichtsreihe wird in einer provokanten These zusammengefasst. In Einzel- oder Gruppenarbeit sollen die Schüler Pro- und Contra-Argumente zur These sammeln und notieren. Die Klasse wird hierfür in zwei Gruppen aufgeteilt. Die Teilnehmer der Gruppen tauschen sich kurz über die gesammelten Argumente aus. Anschließend werden die Argumente abwechselnd vorgetragen. Sinnvoll wäre es, wenn diese sich aufeinander beziehen. Nach einer bestimmten Zeit wechseln die Schüler die Lager und erarbeiten entsprechende Argumente. Die hierbei gemachten Erfahrungen können anschließend kurz reflektiert und die Bedeutung für die weitere Arbeit am Thema erörtert werden.

Variante

Aus der Pro & Contra-Debatte kann sich eine Art Streitgespräch entwickeln, bei dem es vor allem um die „besseren", d.h. nachvollziehbaren Argumente geht. Die Schüler können während dieses Streitgespräches abwechselnd unterschiedliche Standpunkte einnehmen, um sich in andere Positionen zu versetzen.

Hinweis

➤ Es gibt in vielen Fächern Themen, die sehr kontrovers diskutiert werden können.
➤ Es geht bei dieser Methode neben der Sammlung von Argumenten vor allem um das Sich-Hineindenken in unterschiedliche Positionen.

Alter
10–19 Jahre

 Dauer
25–30 Minuten

 Material
Arbeitsblätter

 Ziel
➥ Planung einer Projektarbeit
➥ Teamarbeit, Kooperation und Kommunikation

Beschreibung

Nach der einführenden Erläuterung des Themas in einer vorhergehenden Unterrichtsstunde wird in der Klasse oder in Kleingruppen der Verlauf des Projekts und die Arbeitsaufteilung besprochen (siehe Seite 108).

Variante

➥ Wird der Aktionsplan mit der ganzen Klasse erstellt, werden die Planungsergebnisse auf Plakaten notiert.
➥ Falls es sich um mehrere Projekte handelt, erstellt sich jede Gruppe einen eigenen Projektplan.

Hinweis

Eine hinführende Planung ist entscheidend für den Verlauf des Projektes, denn hier sind die Schüler die Handelnden – von der Idee bis zur Durchführung. Der Lehrer hat als Moderator und Ansprechpartner die Aufgabe der Koordination.

Projektplanung

Projektplanung

Von:_____

Welche Ziele haben wir uns gesetzt?

_____

_____

_____

_____

Wer macht was?

_____

_____

_____

Welche Materialien benötigen wir?

_____

_____

_____

Wann wird das Projekt präsentiert?

_____

_____

Wie wird es präsentiert?

_____

_____

Kopiervorlage!

© Verlag an der Ruhr • Postfach 10 22 51 • 45422 Mülheim an der Ruhr • www.verlagruhr.de • ISBN 3-8346-0022-9

Alter
14–19 Jahre

 Dauer
30 Minuten

 Material
Flipcharts oder Plakate, Buntstifte

 Ziel
➥ Ideensammlung
➥ Strukturierung eines Themas
➥ Fördern des kreativen Denkens
➥ Darstellen von Teilaspekten eines Themas
➥ Bildliche Veranschaulichung von Zusammenhängen

Beschreibung

Am Ideenbaum sollen Probleme und Gedanken veranschaulicht werden. Das Hauptthema steht auf dem Baumstamm, die Hauptgedanken oder Oberbegriffe auf den Ästen. Aus den Ästen wachsen Zweige, auf die Unterbegriffe notiert werden. Unterschiedliche Symbole und Farben können Zusammenhänge besser verdeutlichen.

Hinweis

➥ Da inhaltliche Informationen bei der Erstellung des Ideenbaumes unerlässlich sind, sollten sich die Schüler vorher durch ausliegendes Infomaterial auf das Thema vorbereiten.
➥ Die Baumstruktur lässt sich auch gut mit einem entsprechenden Grafik-programm umsetzen.
➥ Auf dem Ideenbaum werden Gedanken noch nicht verarbeitet, sondern nur Ideen notiert, visualisiert und übersichtlich geordnet.

Alter
10 – 16 Jahre

Dauer
30 Minuten

Material
Plakate, Stifte, Klebstoff, Bilder, Fotos, Texte, Skizzen, Sprüche

Ziel
➡ Materialsichtung
➡ Erkennen von Zusammenhängen
➡ Einstieg in ein neues Thema

Beschreibung

Eine Vielzahl von Materialien liegt zu einem Thema aus: Texte, Bilder, Karikaturen u.a. Es werden Kleingruppen gebildet, deren Aufgabe darin besteht, aus den vorgegebenen Materialien eine thematische Collage zu erstellen. Dabei soll das Ergebnis eine Gesamtaussage zum Thema ausdrücken. Mit verschiedenfarbigen Stiften und Symbolen können die Schüler eine Strukturierung verdeutlichen. Die Collagen werden am Schluss den anderen Gruppen vorgestellt.

Variante

Beim Einstieg in eine Unterrichtsreihe kann auch eine Groß-Collage entwickelt werden, die die Schüler nach und nach in jeder Unterrichtsstunde ergänzen.

Hinweis

➡ Im Mittelpunkt steht nicht die Schaffung eines kreativen Kunstwerkes, sondern die Hinführung zu einem Thema.
➡ Da die Collage in diesem Fall als Einstiegsmethode eingesetzt wird, gibt es nach der Präsentation großen Gesprächsbedarf. Der Lehrer kann im Verlauf der kommenden Stunden die Collagen immer wieder in den Unterricht einbeziehen.

Lernkontrolle

Lernkontrolle

Schule ist kein wertfreier und vor allem kein bewertungsfreier Raum. So holt die Bewertung und Notengebung uns immer wieder ein und bremst zum Teil motiviertes und kreatives Lernen.

Der Unterrichtseinstieg fällt häufig mit der Hausaufgabenüberprüfung zusammen. Diese Situation, die von vielen Lehrern regelrecht zelebriert wird, verbreitet leider oftmals unter den Schülern Angst und Schrecken. Das widerspricht jedoch der Intention der meisten Lehrer. Die Lernkontrolle bietet dem Lehrer nämlich eine gute Möglichkeit, Lerninhalte nicht nur zu kontrollieren, sondern vor allem zu wiederholen und zu festigen.

Wenn Lernen effektiv sein soll, gehört dazu auch die Lernkontrolle. Den Lernerfolg zu kontrollieren oder zu überprüfen, ist eine nicht zu unterschätzende Phase innerhalb des Lernprozesses. Sinnvoll erscheint, dass die Wissenskontrolle nicht nur am Ende einer Stunde, sondern in der Einstiegsphase der folgenden Stunde ihren Platz hat. Denn das Gelernte wird in der Zwischenzeit von den Lernenden aufgearbeitet, vertieft und gefestigt. Generell gilt: Je präziser die Lernziele zu Beginn der Unterrichtsreihe formuliert wurden, desto einfacher ist deren Überprüfung.

Ein weit verbreitetes Schülerverhalten besteht darin, das Gelernte bis zur nächsten Arbeit zu speichern, es aber dann möglichst schnell wieder zu vergessen. Dieser Haltung kann eine ständige **Wiederholungsphase** entgegenwirken. Somit kann das Wiederholen und Festigen auch zu einem festen Ritual am Beginn einer Unterrichtsstunde werden. So kann etwa der Lernstoff anfangs häufiger, dann in immer größeren Zeitabständen wiederholt werden.

Um den überprüfenden und wertenden Charakter der Lernzielkontrolle abzuschwächen, sollte den Schülern verdeutlicht werden, dass es auch um eine **Rückmeldung über den persönlichen Lernerfolg** jedes einzelnen Schülers geht. Und dabei muss nicht immer eine Bewertung mit der Notenskala im Mittelpunkt stehen. Auch der Lehrer selbst sollte die Lernzielkontrolle als Rückmeldung für seinen Unterricht verstehen.

Die vorgestellten Methoden haben größtenteils einen spielerischen und motivierenden Charakter und wollen so die überprüfende Ausrichtung von Klassenarbeiten, Klausuren und Tests ergänzen. Vor allem Fernsehen, Internet und Computerprogramme zeigen, wie Wissen heutzutage schülergerecht und multimedial aufgearbeitet und überprüft werden kann. Wir sollten auch im schulischen Rahmen diese Medien nutzen, da sie die Schüler besonders ansprechen und ihre Lernlust fördern.

Alter
10–13 Jahre

 Dauer
10 Minuten

 Material
Ball oder anderen Gegenstand zum Weitergeben

 Ziel
Wissensabfrage

Beschreibung

Die Schüler stehen im Kreis. Der erste Schüler überlegt sich eine Frage zu dem behandelten Thema. Er wirft einem Mitschüler den Ball zu und stellt ihm die Frage. Dieser versucht die Frage möglichst schnell zu beantworten und anschließend einem weiteren Schüler den Ball mit einer Frage zuzuwerfen. Jeder sollte den Ball so schnell wie möglich weiterreichen, indem er die Frage beantwortet und eine neue Frage stellt. Wird eine Frage falsch oder gar nicht beantwortet, wird die Frage weitergegeben.

Variante

Wenn alle den Ball hatten, wird er in der umgekehrten Reihenfolge zurückgeworfen.

Hinweis

Diese Methode lässt sich in fasst allen Fächern gut umsetzen (Rechenaufgaben, Vokabeln, chemische Formeln, Inhalte von Texten usw.).

Alter
13–19 Jahre

Dauer
10–15 Minuten

Material
Kleine Zettel

Ziel
➡ Lernstoff zusammenfassen
➡ Wichtiges von Unwichtigem unterscheiden
➡ Schneller Zugriff auf Informationen

Beschreibung

Die Schüler sollen in einer festgelegten Zeitspanne einen Spickzettel erstellen, der eine kurze und prägnante Zusammenfassung des Lernstoffes beinhaltet. Dazu teilt der Lehrer kleine Zettel (ca. 7 x 7 cm) aus. Die Schüler müssen möglichst klein schreiben, damit viel auf den Zettel passt. Anschließend werden die Spickzettel vorgelesen. Die Schüler sollen dabei ihre Auswahl begründen. Der Spickzettelinhalt kann von den Schülern oder dem Lehrer ergänzt werden.

Variante

Es kann ein kleiner Spickzettel-Wettstreit entstehen: Wer schreibt die kürzeste und doch alle wesentlichen Fakten umfassende Zusammenfassung des Lernstoffes?

Hinweis

➡ Durch den Spickzettel kann das Wissen später möglichst schnell und kompakt wiederholt werden.
➡ Tipp: Auch das Verfassen eines „echten" Spickzettels ist eine Form von Lernstoffwiederholung.

Alter
10–19 Jahre

 Dauer
Ca. 10–15 Minuten

 Material
Arbeitsblatt (Multiple-Choice-Test)

 Ziel
Wissenskontrolle

Beschreibung

Der Lehrer teilt Arbeitsblätter mit Multiple-Choice-Fragen aus (siehe Seite 116). Auf die gestellten Fragen folgt ein Katalog von möglichen Antworten, aus denen die richtige/n ausgewählt werden soll/en. Die Schüler müssen das Arbeitsblatt innerhalb einer festgelegten Zeit ausfüllen.

Variante

Es sind verschiedene Frage- bzw. Antworttypen möglich:
• Mehrere Antwortmöglichkeiten, eine ist richtig.
• Mehrere Antwortmöglichkeiten, mehrere sind richtig.
• Als Antworten werden ganze Sätze eingetragen.
• Richtige Begriffe müssen eingetragen werden.
• Begriffe sollen in die richtige Reihenfolge gebracht werden.

Hinweis

Die Ergebnisse der Multiple-Choice-Tests können benotet werden. Es ist aber auch möglich, die Tests nach dem Ausfüllen zunächst von den jeweiligen Sitznachbarn kontrollieren zu lassen und hiernach im Plenum zu besprechen.

Test

Name: _____

1. Wer wählt den Bundespräsidenten?

❏ Bundesversammlung

❏ Bundesrat

❏ Bundestag

❏ Bundesverfassungsgericht

2. Welches sind die Aufgaben des Bundesrates?

❏ Mitwirkung bei der Gesetzgebung des Bundes

❏ Mitwirkung bei der Wahl der Richter des Bundesverfassungsgerichts

❏ Wahl des Bundeskanzlers

❏ Genehmigung von Staatsverträgen

3. Bringe die Bundeskanzler der BRD in die zeitlich richtige Reihenfolge!

Gerhard Schröder	1. _____
Willy Brandt	2. _____
Ludwig Erhard	3. _____
Konrad Adenauer	4. _____
Kurt G. Kiesinger	5. _____
Helmut Schmidt	6. _____

Kopiervorlage!

© Verlag an der Ruhr • Postfach 10 22 51 • 45422 Mülheim an der Ruhr • www.verlagruhr.de • ISBN 3-8346-0022-9

Alter
10–16 Jahre

 Dauer
15 Minuten

 Material
Arbeitsblatt

 Ziel
Wissen überprüfen

Beschreibung

Die Schüler erhalten ein Arbeitsblatt mit einem Lückentext (siehe Seite 118).
An markierten Stellen müssen die richtigen Begriffe oder auch Merksätze
eingetragen werden.

Variante

➡ Jeder Schüler erstellt zu Hause einen Lückentext zum erlernten Unterrichts-
stoff. Die Blätter werden untereinander ausgetauscht und anschließend
vom Verfasser des Textes korrigiert.
➡ Die Lückentexte werden online auf entsprechenden Internetseiten ausgefüllt.
Dabei können die Schüler ihre Antworten selbst überprüfen.

Hinweis

Im Internet kann man mit so genannten Lückentext-Generatoren eigene Lückentexte gestalten, die nach Fertigstellung in gängige Textverarbeitungsprogramme
übernommen werden können (www.mdzonline.de/guu/luecke.html).

Lückentext

Setzt die unten aufgeführten Begriffe in den Lückentext ein!

Gentechnik – pro oder contra?
Es ist ein viel umstrittenes Thema, das viele Menschen wütend werden lässt: die _____.
Besonders Umwelt- und Verbraucherschützer gehen auf die Barrikaden. So sehen sie etwa in der gentechnischen
_____ von _____
große Gefahren. Sobald ein Forschungsinstitut oder eine Gentechnik-Firma gentechnisch _____
_____ auf die Felder
bringt, protestieren die _____. Gelegentlich geschieht dies sogar unter _____
_____. Bei diesen Aktionen versuchen die Gegner sogar, die _____
auszugraben. Die Befürworter der neuenTechnologie werfen den Verbraucherschützern Panikmache und Fortschritts-
feindlichkeit vor. Positive Aspekte, die die Befürworter etwa nennen, sind der Einsatz _____
Produkte gegen _____ und Krankheiten.
Die _____ entschied Mitte Mai 2004, den Anbau von gentechnisch _____ Mais
zuzulassen. Dabei hatte besonders die _____
bei der _____ (WTO) darauf gedrängt, gentechnisch manipulierten Mais in Europa zu
bewilligen. Doch es besteht auch unter den Experten keine Einigkeit, ob der Anbau zuzulassen oder abzulehnen ist. In
Europa gibt es keine einheitliche _____. Jedes Land entscheidet selbst, ob es den Anbau zulässt oder nicht.

Umweltschützer – Gentechnik – Veränderung – Hunger – Versuchspflanzen – Regelung – Organismen – USA – verändertes Saatgut – Polizeischutz – genveränderter – EU-Kommission – verändertem – Welthandelsorganisation

Kopiervorlage!

© Verlag an der Ruhr • Postfach 10 22 51 • 45422 Mülheim an der Ruhr • www.verlagruhr.de • ISBN 3-8346-0022-9

Produktive Unterrichtseinstiege

Alter
10–19 Jahre

 Dauer
Ca. 15 Minuten

 Material
Fragekarten

 Ziel
➼ Wissen spielerisch wiederholen
➼ Fragen zu einem Thema entwickeln

Beschreibung

In Form einer Quizshow wird das Thema der letzten Unterrichtsstunde überprüft und aufgearbeitet. Dabei hat der Lehrer etwa 20–30 Fragen entwickelt, zu denen es jeweils vier Antwortmöglichkeiten gibt. Eine davon ist richtig. Die Quiz-Kandidaten werden ausgelost. Der Lehrer liest eine Frage und die Antwortmöglichkeiten vor. Für jede beantwortete Frage gibt es einen Punkt. Wenn der Schüler die Frage falsch beantwortet, kommt der nächste Kandidat an die Reihe.

Variante

➼ Jeder Schüler bereitet zu Hause jeweils eine Frage mit vier Antwortmöglichkeiten vor.
➼ Der Schüler kann Joker einsetzen oder das Publikum befragen.
➼ Ein Schüler liest die erste Frage von einer Karte vor. Der Schüler, der die
richtige Antwort auf seiner Karte hat, antwortet. Hiernach liest der Antwort-
geber die nächste Frage vor usw.

Hinweis

Diese Methode bietet durch das Punktesystem auch Möglichkeiten
zur Bewertung.

▶ ▶ ▶ ▶ 3. Lernkontrolle ◀ ◀ ◀ ◀

 Alter
10–19 Jahre

 Dauer
Ca. 15 Minuten

 Material
Vorbereitete Fragekarten

 Ziel
Überprüfen und Festigen des Lernstoffs

Beschreibung

Die Klasse wird in mehrere Lerngruppen aufgeteilt, die sich in einen Stuhlkreis setzen. Der Lehrer hat 10–15 Fragekarten vorbereitet, die in der Mitte liegen. Ein Freiwilliger zieht eine Frage und teilt seine Antwort den anderen mit. Die Mitschüler können nachfragen oder ergänzen. Der nächste Freiwillige zieht eine Karte und antwortet auf die Frage. Nach einer gewissen Zeitspanne endet das Wissensfragespiel.

Variante

Die Fragen werden von den Schülern in der ersten Phase selbst formuliert und auf den Karten notiert.

Hinweis

Bei dieser Methode soll der Druck der Lernkontrolle wegfallen. Daher beantworten die Schüler die Fragen auch auf freiwilliger Basis. Je öfter die Methode eingesetzt wird, desto mutiger werden auch die unsicheren Schüler.

Alter
12–16 Jahre

Dauer
Ca. 15 Minuten

Material
Arbeitsblätter mit Spalten und Oberbegriffen

Ziel
Spielerisches Überprüfen von Lerninhalten

Beschreibung

Angelehnt an das Spiel „Stadt-Land-Fluss" stehen auf einem Arbeitsblatt
mehrere Spalten mit Oberbegriffen. Ein Schüler beginnt leise das ABC aufzusagen. Der Nachbar ruft „Halt!". Der ABC-Schüler sagt laut den Buchstaben, an
dem er angelangt ist. Nun tragen alle Mitschüler auf ihrem Arbeitsblatt jeweils
einen Begriff mit dem genannten Anfangsbuchstaben unter die entsprechenden
Spalten ein. Wer zuerst alle Spalten ausgefüllt hat, ruft laut „Stopp!". Das Spiel
endet nach einer festgelegten Zeit.

Variante

➡ Es spielen mehrere Gruppen gegeneinander. Der Wettbewerbscharakter
  erhöht dabei die Spannung und Wissenslust.
➡ Die Schüler können beim Ausfüllen das Fachbuch benutzen.

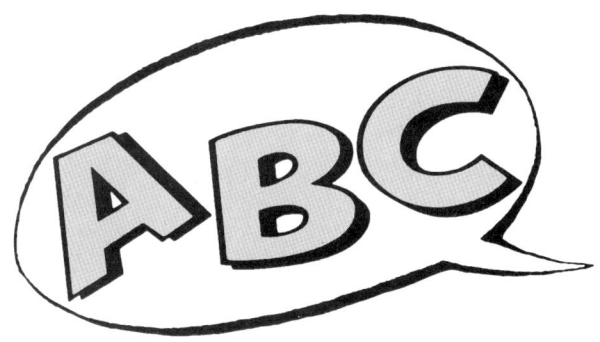

Alter
10–13 Jahre

 Dauer
Ca. 15 Minuten

 Material
Würfel

 Ziel
Spielerisches Aufarbeiten von Wissen

Beschreibung

Es werden mehrere Gruppen gebildet. Die Schüler zählen der Reihenfolge nach durch, sodass jeder Schüler eine Nummer erhält. Jede Gruppe ist eine Runde von Fachleuten, die auf Fragen des Lehrers Rede und Antwort stehen müssen. Der Lehrer hat mehrere Würfel, mit denen er eine Zahl wirft. Abwechselnd wird nur ein Würfel benutzt, damit auch die unteren Zahlen an die Reihe kommen. Der Schüler mit der gewürfelten Zahl muss eine Frage des Lehrers beantworten. Ist die Antwort richtig, erhält die Fachgruppe einen Punkt. Ist sie falsch, wird ein Punkt abgezogen.

Variante

➡ Für einzelne Fragen bekommt die Gruppe eine unterschiedliche Anzahl von Punkten.
➡ Die Gruppen können einen Joker einsetzen, um z.B. eine schwierige Frage weiterzugeben.

Hinweis

Der Wettbewerb läuft während des gesamten Schuljahres. Am Ende erhält die Siegergruppe einen Preis.

▶ ▶ ▶ ▶ 3. Lernkontrolle ◀ ◀ ◀ ◀

 Alter
10–13 Jahre

 Dauer
Ca. 15 Minuten

 Material
Vorgefertigte Blätter bzw. Karten mit Begriffen und Tabu-Wörtern

 Ziel
Umschreiben und Raten von Fachbegriffen

Beschreibung

Der Lehrer klebt jedem Schüler einen Zettel auf den Rücken. Darauf sind ein Begriff und vier so genannte Tabu-Wörter notiert (siehe Seite 124). Nun bewegen sich alle im Raum. Auf ein Zeichen des Lehrers stellen sich jeweils zwei Schüler gegenüber. Der Erste umschreibt den Begriff mit eigenen Worten und darf dabei die Tabu-Wörter nicht verwenden. Wenn er es doch tut, muss er eine Runde aussetzen. Der zweite Schüler muss den Begriff in 15 Sekunden erraten und ruft dann laut „Halt!". Nun bewegen sich alle wieder im Raum und warten auf das nächste Zeichen des Lehrers.

Variante

➡ Die Begriffe können auch mit Hilfe von Karteikarten erraten werden. Ein Schüler umschreibt, die anderen müssen raten. Wenn ein Schüler das Tabu-Wort verwendet, ist der nächste an der Reihe. Wer den Begriff errät, darf eine neue Karte ziehen und die alte als eine Art Punktgewinn behalten. Zuletzt werden die erspielten Punkte zusammengezählt.
➡ Es können auch zwei Mannschaften gebildet werden, die gegeneinander spielen.

Hinweis

Durch die kurze Ratezeit und die Tabu-Wörter müssen sich die Schüler sehr stark konzentrieren. Daher sollte der Spielablauf vom Lehrer zuvor genau erläutert werden.

Monarchy
Britain
queen
crown
king

Screenplay
movie
producer
director
actor
novel

Developing country
poor
industrialization
overpopulation
third world
starvation

Drama
hero
act
exposition
climax
resolution

© Verlag an der Ruhr • Postfach 10 22 51 • 45422 Mülheim an der Ruhr • www.verlagruhr.de • ISBN 3-8346-0022-9

Kopiervorlage!

Produktive Unterrichtseinstiege

Alter
10–19 Jahre

 Dauer
Ca. 15 Minuten

 Material
Lernsoftware, Computer, Beamer, Leinwand

 Ziel
Spielerische Festigung und Wiederholung des Gelernten

Beschreibung

Der Lehrer projiziert mit Hilfe eines Computers und eines Beamers die Lernsoftware auf eine Leinwand. Mit Hilfe der Software soll das Erlernte spielerisch überprüft werden. Dabei beantwortet jeder Schüler eine Frage. Der Lehrer kann bei Wissenslücken ergänzen und korrigieren.

Variante

Falls ein Computerraum mit mehreren Rechnern zur Verfügung steht, überprüfen jeweils ein bis zwei Schüler ihr Wissen selbstständig.

Hinweis

➡ Multimediale Lernsoftware eröffnet viele neue Möglichkeiten des computerunterstützten Lernens. Sie ist mittlerweile für fast alle Fächer im Fachhandel erhältlich. Wissen kann hiermit nicht nur überprüft, sondern auch anschaulich und effektiv angeeignet werden.

➡ Mit Hilfe von Power Point kann der Lehrer eine eigene multimediale Wissensshow produzieren. Diese kann auch für nachfolgende Klassen angewendet werden.

Alter
12–19 Jahre

 Dauer
Ca. 15–20 Minuten

 Ziel
Humorvolle und tiefgründige Wissensfestigung

Beschreibung

Ein Teil der Lerngruppe präsentiert in Form einer Stand-Up-Comedy das Erlernte in unterhaltsamer und ansprechender Form. Dabei soll das Wesentliche in einer heiteren Verpackung zusammengefasst werden, um zu verdeutlichen, dass Wissen nicht immer langweilig oder „bierernst" sein muss.

Variante

Jeder Schüler verpackt seine wichtigsten Erkenntnisse aus dem erlernten Stoff in einen originellen Vierzeiler. Auf diese Weise können effektive Merksätze entstehen.

Hinweis

➡ Infotainment (information und entertainment) ist unterhaltsame Wissensvermittlung. Die Sachinformation steht dabei im Vordergrund. Sie wird jedoch in origineller Weise aufgearbeitet und wiederholt. Unter Umständen kann daraus sogar ein Wettbewerb entstehen, der sich über das gesamte Schuljahr zieht.

➡ Infotainment ist auch zur kurzweiligen Einführung in ein Thema gut geeignet.

Wissens-Memory®

 Alter
10−16 Jahre

 Dauer
Ca. 15−20 Minuten

 Material
Vorgefertigte Namens- und Fragekarten

 Ziel
Spielerisches Überprüfen von Lerninhalten

Beschreibung

Die Klasse teilt sich in mehrere Gruppen auf. Auf vorbereiteten Karten stehen die Namen der teilnehmenden Schüler. In der gleichen Anzahl liegen Fragekarten zu einem Thema vor. Namenskarte und Fragekarte sind auf der Innenseite mit demselben Symbol versehen. Reihum zieht nun jeder Schüler zwei Karten. Passen zwei Karten zusammen, muss der Betreffende die gestellte Frage beantworten.

Variante

Es werden drei Karten für jeden Mitspieler angefertigt: Namens-, Frage- und Antwortkarte.

Hinweis

Wegen der Zuordnungsphase kann sich das Wissensspiel ein wenig in die Länge ziehen. Daher sollten die Gruppen nur aus sechs bis acht Schülern bestehen.

®Memory ist eine eingetragene Marke der Ravensburger AG

Alter
14–19 Jahre

Dauer
20–30 Minuten

Material
Vorbereitete Zeitungsartikel, Kommentare oder Leserbriefe zum
Unterrichtsthema

Ziel
Bearbeiten von Gelerntem

Beschreibung

Es werden mehrere Gruppen gebildet. Jede Gruppe stellt die Redaktion einer
Zeitung dar und trifft sich zu einer Redaktionskonferenz, um die Ausgabe für
den kommenden Tag zu besprechen. Aus dem behandelten Thema sollen die
wichtigsten Inhalte auf der Titelseite der Zeitung platziert werden. Es gibt einen
Leitartikel, einen Kommentar und einen Leserbrief. Die Schüler haben als
Hausaufgabe diese Texte vorbereitet und tragen sie der Konferenz vor.
Die Texte werden besprochen, angenommen oder verworfen.

Variante

Es handelt sich um die Redaktionskonferenz eines Radiosenders,
die über das behandelte Thema mündlich berichten soll.

Hinweis

Die einzelnen Redaktionskonferenzen können schon am Beginn
einer Unterrichtseinheit gebildet werden und treffen sich nun,
um das Gelernte aufzuarbeiten.

Alter
10–19 Jahre

 Dauer
Ca. 20–30 Minuten

 Material
Arbeitsblätter, Karteikarten

 Ziel
➥ Selbstüberprüfung
➥ Wechselseitige Überprüfung

Beschreibung

Die Schüler erhalten Arbeitsblätter, auf denen Fragen zum behandelten Thema
notiert sind. Die Arbeitsblätter werden zerschnitten und die Fragen auf Karten
geklebt. In Partner- oder Einzelarbeit notieren die Schüler auf der Rückseite der
Fragekarten die Antworten. Die so entstandenen Lernkarten kann die gesamte
Klasse zur Vorbereitung auf einen Test oder eine Arbeit nutzen.

Variante

Die Lernkarten werden von verschiedenen Gruppen zu unterschiedlichen
Themenbereichen am Computer gestaltet und für alle ausgedruckt.

Hinweis

Beim Schreiben der Lernkarten findet bereits
eine Wiederholung und Festigung des
Gelernten statt.

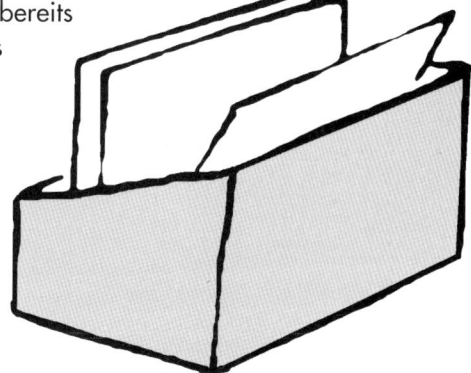

Produktive Unterrichtseinstiege

Methoden zur Gruppen-bildung

Gruppenbildung

Da die Schüler bei vielen Methoden in Gruppen zusammenarbeiten, werden hier noch einige Methoden zur Gruppenbildung vorgestellt.

Zufallsgruppen

➡ **Sitzordnung:** Schüler, die nebeneinander sitzen, bilden eine Gruppe.

➡ **Abzählen:** Die Schüler werden der Reihe nach abgezählt (1 – 2 – 3 – 4 ...).

➡ **Das Los entscheidet:** Man kann Nummern, Farben, Symbole, Buchstaben oder Spielkarten ziehen lassen.

➡ **Puzzleteile:** Fotos, Zeichnungen oder Texte werden auseinander geschnitten. Die Puzzleteile müssen gefunden und zusammengefügt werden.

➡ **Obergruppen:** Obst (Apfel, Banane, Birne, Trauben), Gemüse, Hauptstädte u.a. bilden eine Gruppe.

➡ **Geburtstagsgruppen:** Die Schüler halten ihre Geburtstagstermine hoch. Nahe liegende Geburtstage bilden eine Gruppe.

➡ **Fäden ziehen:** Halb so viele Fäden oder Seile (ca. 1 m) wie Schüler werden zusammengefasst. Jeder Schüler zieht an einem Fadenende. Zwei Schüler bilden dadurch ein Paar.

➡ **Satzgruppen:** Es werden Wörter gezogen, aus denen man Sätze bilden kann.

➡ **Berühmte Paare:** Namen berühmter Personen werden den Schülern auf die Rücken geheftet. Die Paare (z.B. Romeo & Julia ...) müssen sich durch Befragung finden.

➡ **Dosensuche:** Gefüllte Dosen mit gleichen Geräuschen: Die Schüler müssen ihre/n Partner finden.

➡ **Tiersuche:** Die Schüler ziehen Karten mit Tiernamen. Sie bilden Gruppen nach Tierlauten.

➡ **Melodien:** Die Schüler ziehen Zettel mit dem Titel eines aktuellen Songs. Durch das Singen, Summen oder Pfeifen der Melodie müssen sie ihre Gruppe finden.

Interessengruppen

Die Schüler bilden eine Gruppe nach Thema, Methode oder Interesse.

Sympathiegruppen

Die Gruppen bilden sich nach Sympathie („Wer möchte mit wem zusammenarbeiten?").

Schüler demotivieren

Was Sie tun müssen, um Schüler möglichst schnell und effektiv zu demotivieren:

➡ Sie sind der Chef. Zeigen Sie das bei jeder passenden Gelegenheit!

➡ Lassen Sie keinen Widerspruch zu, denn Sie haben immer Recht!

➡ Sie machen keine Fehler, denn Sie sind der Lehrer!

➡ Persönliche Anliegen haben nichts im Unterricht zu suchen!

➡ Unterbinden Sie jeden Gefühlsausbruch mit Ihrer ganzen autoritären Strenge!

➡ Lachen ist im Unterricht unangepasst und deshalb verboten!

➡ Verschließen Sie die Augen vor Problemen und Konflikten, denn sie stören nur!

➡ Sanktionieren Sie Seitengespräche und andere Störungen sofort!

➡ Bevorzugen Sie Ihre Lieblingsschüler, denn sie haben es verdient!

➡ Kritisieren Sie möglichst oft, denn Lob verdirbt den Charakter!

➡ Lenken Sie bei jeder passenden Gelegenheit den Blick auf die Schwächen der Schüler!

➡ Unterrichten Sie frontal, denn nur so lässt sich Wissen vermitteln!

➡ Halten Sie lange Vorträge, denn nur so lernen die Schüler etwas!

➡ Ersticken Sie Diskussionen und Gespräche im Keim!

➡ Überprüfen Sie die Schüler möglichst oft!

➡ Lassen Sie keine Form selbstständigen Arbeitens zu, denn das ist unnütze Zeitverschwendung!

➡ Überziehen Sie die Unterrichtsstunde, denn ausruhen kann man sich zu Hause!

Literatur- und Internettipps

Literaturtipps

Rob Abernathy, Mark Reardon:
So geht das! Interesse wach halten.
Tipps und Tricks für gute Stunden.
Verlag an der Ruhr, 2003.
ISBN 3-86072-778-8

Peter Dürrschmidt u.a.: **Methoden-**
sammlung für Trainerinnen und Trainer.
Managerseminare Verlag, 2005.
ISBN 3-936075-29-8

Siegfried Frech, Hans-Werner Kuhn, Peter
Massing (Hrsg.): **Methodentraining für**
den Politikunterricht. Wochenschau
Verlag, 2003. ISBN 3-89974-096-3

Dietrich Hinkeldey: **Methoden-**
führerschein. Bausteine für systemati-
sches Methoden-Lernen. Band 1–2.
Auer Verlag, 2003.
ISBN 3-403-03717-7

Bernd Janssen: **Kreative Unterrichts-**
methoden. Bausteine zur Methoden-
vielfalt im Fachunterricht. Westermann
Verlag, 2004. ISBN 3-14-162063-6

Zamyat M. Klein: **Seminarmethoden.**
Übungen und Spiele zum lebendigen
Lernen. Hiba Verlag, 2004.
ISBN 3-89751-141-X

Jonas Lanig: **So geht das! Gegen Chaos**
und Disziplinschwierigkeiten: Eigen-
verantwortung in der Klasse fördern.
30 Tipps und Strategien.
Verlag an der Ruhr, 2004.
ISBN 3-86072-916-0

Allen N. Mendler: **Uninteressierte Schüler**
motivieren. Wie geht das?
Verlag an der Ruhr, 2003.
ISBN 3-86072-777-X

Peter Ryan: **Aufmerksamkeit trainieren.**
Wie geht das? Verlag an der Ruhr, 2002.
ISBN 3-86072-750-8

Jürgen Thal, Uwe Ebert: **Methodenvielfalt**
im Unterricht. Mit Lust stressarm und
effektiv lernen. 3. Auflage.
Luchterhand, 2004.
ISBN 3-472-05832-3

Franz Wendel Niehl, Arthur Thömmes:
212 Methoden für den Religions-
unterricht. 6. Auflage. Kösel Verlag,
2003. ISBN 3-466-36507-4

Internettipps

www.kinderpolitik.de/methoden/
content/index.html
Ein Methoden- und Materialkoffer für den
kreativen Unterricht.

www.bildungsverlag1.de/unterrichts-
material/umat_fu_meth_1.asp
Das Methodenlexikon dient nicht nur
Lehrern zur Unterrichtsvorbereitung,
sondern kann auch von Schülern zur
Erweiterung ihrer Methodenkompetenz
herangezogen werden. Das Methodenlexikon wird regelmäßig ergänzt.

www.learn-line.nrw.de/angebote/
methoden/info/index.html
Sie finden hier eine umfassende Online-
Methodensammlung.

www.fundgrube-religionsunterricht.de
Eine kreative Fundgrube nicht nur für
Religionslehrer.

www.mdzonline.de/guu/luecke.html
Eine Webseite zum Erstellen von Lücken-
texten.

Produktive Unterrichtseinstiege

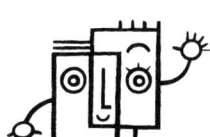